संकलकर्ता - श्रीमान किशन सिंह चौहान

प्रकाशन- LONDON BOOKS PUBLISHER

(Thehighestmeaningoflife@gmail.com)

संपादक- सुखदेव सिंह (लंदन) +447465000000

वर्ष : October —2025

पुस्तक मिलने का पता : देवसमाज, श्री-अकबरपुर जिला — कानपुर देहात, 209101
उत्तर प्रदेश (भारत)

सम्पर्क सूत्र (मोबाइल नम्बर) :

1. +917355575817

2. +919918934611

AF834735

श्रीयुत ऋषि शिवदयाल सिंह जी सारस्वत (1836-1872)

अर्पण

यह संपूर्ण रचना—इसके शब्द-नाद, भावों की पावन धाराएँ, और आत्मा की गहनतम गहराइयाँ—समर्पित है उन सभी अनुरागी शिष्यों को, जिन्होंने अपना कण-कण, रोम-रोम देवात्मा और उनके पवित्र मिशन हेतु पूर्णतः अर्पित कर दिया।

देवजीवन के प्रभाव में आकर जिनके प्राण-प्रवाह और जीवन का प्रत्येक क्षण देवात्मा के महत्तम कार्य के लिए सर्वथा समर्पित हो गया, और जो अपनी अल्पायु पूर्ण कर सूक्ष्म, किन्तु उच्च लोकों में प्रस्थान कर गए।

जब तक वे इस स्थूल जगत में रहे, देवात्मा की दिव्य-ज्योति में लीन होकर, आत्मिक चन्द्रमा की भाँति इस संसार को आलोकित करते रहे। उनके हृदय का प्रत्येक स्पन्दन, उनके कर-चरणों की प्रत्येक गति, केवल इसी पवित्र हेतु में प्रवाहित रही — कि इस धरती पर देवराज का शुभावतरण सम्भव हो।

जिन्होंने देवात्मा की चरण-रज को मस्तक-मणि बनाकर धारण किया, और अपने हृदय-मन्दिर में सत्य, समर्पण और अनुराग की अखण्ड ज्योति अनवरत प्रज्वलित रखी।

— संपादक

भूमिका

श्रीयुत ऋषि शिवदयाल सिंह जी सारस्वत के जीवन चरित का संकलन

यह पुस्तक न तो इतिहास है, न संस्मरण-संग्रह, और न ही किसी महापुरुष के जीवन-चरित पर लिखी गई कोई विस्तृत टीका। इसमें एक विशिष्ट जीवन-चरित के लिखित स्वरूप को श्रद्धा और सम्मानपूर्वक संकलित करके पुस्तकबद्ध रूप में प्रस्तुत किया गया है।

संकलन-कार्य गद्य-साहित्य की एक विशेष विधा है। इस संकलन में इतिहास-लेखन की तरह तथ्यों को जुटाने या उनकी छानबीन करने का प्रयत्न नहीं है। बल्कि संकलन-कार्य का स्वरूप ऐसा है कि इसमें उपलब्ध तथ्यों में न तो कुछ जोड़ा जाता है, न कल्पना से कोई तथ्य गढ़ा जाता है, न सुनी-सुनाई बातों को बिना आधार स्थान दिया जाता है और न ही उन पर कोई अनावश्यक टिप्पणी की जाती है।

यह रचना संकलन-विद्या का अनुपम उदाहरण प्रस्तुत करती है। इसमें एक ओर जीवन-चरित के लेखक का परम-श्रेष्ठ, परम-सुंदर और सर्वोच्च जीवन — अर्थात् देव-जीवन — का सतर्क, स्पष्ट और भावपूर्ण परिचय मिलता है; तो दूसरी ओर चरित के स्वामी का संगठित, क्रमबद्ध और पर्याप्त ऐतिहासिक विवरण भी उभरकर सामने आता है। इस प्रकार यह कृति श्रद्धा और विद्वत्ता का अद्वितीय संगम बनकर पाठकों को केवल जानकारी ही नहीं, अपितु आत्मानंद का अनुभव भी कराती है। इन गुणों के अभाव में रचना केवल उपलब्ध सामग्री का पुनर्पाठ प्रतीत होती। यह संकलन अपनी प्रबंधन-कला से उपलब्ध सामग्री को इतनी नजाकत और नफासत से बाँध देता है कि साधारण पाठक भी इसे पढ़कर उपन्यास-सा आनंद अनुभव करता है।

एक ओर परमपूज्य अद्वितीय विभूति हैं श्रीयुत शिवनारायण अग्निहोत्री जी और दूसरी ओर उनके आराध्य दीक्षा-गुरु श्री ऋषि शिवदयाल सिंह जी सारस्वत। एक का जन्म कानपुर जनपद के कस्बा अकबरपुर में श्रेष्ठ अग्निहोत्री कुल में सन् 1850 ई. में हुआ; दूसरे का जन्म मेरठ नगर में सारस्वत ब्राह्मण कुल में सन् 1836 ई. में हुआ।

दोनों का प्रथम सामना रुड़की में एक अध्यापक के घर आयोजित होली-पर्व के अवसर पर सन् 1868 ई. में हुआ। उस समय एक की आयु मात्र 18 वर्ष और दूसरे की 32 वर्ष थी। 18 वर्षीय किशोर रुड़की इंजीनियरिंग कॉलेज का विद्यार्थी था और 32 वर्षीय वयस्क उसी कॉलेज का सम्मानित

शिक्षक। इस छोटी-सी भेंट में ही दोनों में परस्पर तीव्र आकर्षण और सात्त्विक अनुराग उत्पन्न हुआ — जो आजीवन बढ़ता ही गया।

यही इस जीवन-चरित के प्रमुख पात्र हैं। श्रीयुत शिवनारायण अग्निहोत्री जी असाधारण मानसिक और अद्वितीय हार्दिक क्षमताओं के धनी थे — सात्त्विकता के प्रति प्रबल अनुराग, विद्याप्रेम और धार्मिक जिज्ञासा के प्रति पूर्ण समर्पण उनके प्रमुख गुण थे।

महामान्य श्री ऋषि शिवदयाल सिंह जी सारस्वत गोत्रीय गृहस्थ-संन्यासी थे। धर्म-साधनों के प्रति तपस्या-भाव से उन्मुख, शासन-कार्य में दक्ष, कर्तव्यपालन में ईमानदार और अनुशासन व बंधनों के निर्वहन में अनुपम निष्ठावान।

धर्माकांक्षी श्रीयुत शिवनारायण अग्निहोत्री जी ने अपनी धर्मपत्नी सहित 9 जुलाई 1871 ई. को रुड़की में ही अपने गुरु श्री ऋषि शिवदयाल सिंह जी से विधिपूर्वक दीक्षा ली और आजीवन उनके प्रति श्रद्धा-भाव बनाए रखा। गुरु के प्रति अपूर्व श्रद्धा से ओतप्रोत शिष्य ने स्थान-स्थान पर अपने उद्गार प्रकट किए। अपने महान ग्रंथ "मुझमें देवजीवन का विकास" (खंड द्वितीय) में उन्होंने अपने गुरु के असाधारण गुणों और जीवन का वर्णन किया है, साथ ही उस अमूल्य, सात्त्विक और एकाग्र प्रेम का भी जिसे वे संबंधों का आधार मानते थे।

जब श्रीयुत शिवनारायण अग्निहोत्री जी रुड़की के बाद लाहौर पहुँचे तो स्वयं को सरकारी नौकरी के साथ-साथ समाज-सेवा के कार्यों में पूर्ण रूप से समर्पित कर चुके थे। सत्य, शिव और सुंदर के अनुराग में पुष्पित-पल्लवित होकर वे असाधारण समाज-सेवक एवं अद्वितीय समाज-सुधारक बने और शीघ्र ही लाहौर में प्रगति कर रही ब्रह्मसमाज संस्था के सदस्य, प्रचारक एवं संगठन के आचार्य और प्रमुख कार्यकर्ता हो गए।

दीक्षा-गुरु श्री ऋषि शिवदयाल सिंह जी द्वारा प्रवाहित सात्त्विक प्रवृत्तियों से प्रेरित होकर तथा अन्य अनुकूल परिस्थितियाँ प्राप्त होने पर, समय के साथ उनका सत्य और शुभ के प्रति अनुराग इतना बढ़ गया कि उन्होंने सरकारी नौकरी त्याग दी और सन् 1882 ई. में अद्वितीय समाज-सेवा का जीवन-व्रत लेकर एक नए परम-लक्ष्य — सत्य, शिव और सुंदर — की घोषणा की। इसी अलौकिक अनुष्ठान में सत्य के अनुरागी देवात्मा का नाम शिवनारायण से बदलकर सत्यानन्द हुआ। आगे चलकर 16 फरवरी 1887 ई. को उन्होंने लाहौर में देवधर्म का उद्घोष कर देवसमाज की स्थापना की और घोर उत्पीड़नों के बीच भी पूर्ण सफलता अर्जित की।

यह अभिनव और वैज्ञानिक देवधर्म अपने जिज्ञासुओं और श्रद्धावानों के बीच फलता-फूलता रहा, निरंतर विकसित होता गया और वैज्ञानिक विचारधारा पर आधारित रहकर असंख्य अधिकारी आत्माओं को अनुपम लाभ पहुँचाता रहा।

श्री ऋषि शिवदयाल सिंह जी के अद्भुत व्यक्तित्व का उनके शिष्य ने स्थान-स्थान पर भाव-विभोर होकर वर्णन किया है। उनके अनुसार गुरु पूर्ण सनातनी और वेदांती विचारधारा के अनुयायी थे।

रुड़की में एक बार उनके ही किसी उपकृत ने झूठा आरोप लगाकर उन्हें अत्यधिक पीड़ा दी थी। उस वेदना को उन्होंने अपने शिष्य को पत्र द्वारा व्यक्त किया।

गृहस्थ-संन्यासी होकर भी वे अपना सारा वेतन बड़े परिवार के भरण-पोषण में लगा देते थे। वैराग्य-भावी गृहस्थ होते हुए भी निष्ठावान शिष्य के सात्त्विक अनुराग में इतने बँध गए थे कि जब शिष्य रुड़की से बाहर चला गया, तो वे वियोग-व्यथा में डूबे रहते थे।

उधर शिष्य भी गुरु की जुदाई से बिलख-बिलखकर रोता रहा। जब बहावलपुर से रुड़की लौटते समय बाढ़ के कारण वह विलंब से पहुँचा, तब दीपक की लौ अंतिम साँस ले रही थी। फिर भी गुरु ने दुर्बल काया से उठकर शिष्य को उसके निवास-स्थान तक पहुँचाया और कुछ ही दिनों बाद महाप्रणति की बेला आ पहुँची।

ऐसे हृदयग्राही वृत्तांतों का सुंदर संकलन इस पुस्तक में प्रस्तुत है। यह कृति हिन्दी गद्य-साहित्य में एक अपेक्षाकृत नई विधा का परिचय कराती है। इसके लिए माननीय श्रीमान किशन सिंह जी चौहान हार्दिक बधाई के पात्र हैं।

आशा है कि वे श्रद्धाभाव से प्रेरित होकर और अपनी श्रम-निष्ठा से देवसमाज की अन्य विभूतियों के जीवन-वृत्तांत भी संकलित करेंगे तथा मूल्यवान कृतियाँ पाठकों को भेंट करेंगे। उन्हें हार्दिक बधाई तथा उनकी निरंतर प्रगति और सफलता हेतु अनंत शुभाशंसाएँ।

हितैषिता

डा. पुष्पा बंसल (पी. एच. डी., डी. लिट.)

पूर्व हिन्दी विभागाध्यक्ष रोहतक विश्वविद्यालय हरियाणा (इंडिया)

विषय सूची

मेरे गुरु 1

पारस्परिक आत्मिक आकर्षण : गुरु-शिष्य मिलन की भूमिका 7

शिष्यत्व से पूर्व, जीवन के आदर्श नियम 9

मेरी दीक्षा 11

मेरे गुरु का वेदांत मत पर विश्वास 13

गुरु-शिष्य धर्म जीवन की अनुपम झलक 16

मेरे गुरु के उच्च प्रभावों के द्वारा मेरा आत्मिक विकास 20

वैराग्य भाव की उन्नति 24

मेरे गुरु के दैनिक आचार और साधन के संबंध में कुछ उपदेश 34

मेरे गुरु की बीमारी और मृत्यु 37

परलोक से भी धर्मगत सम्बन्ध और उच्च गति दायक अनुराग 39

अनुरागी शिष्य बनने की आवश्यकता और विधि 41

देवात्मा के आविर्भाव के संबंध में महापुरुषों की आशाएँ एवं भविष्यवाणियाँ — संकलकर्ता 64

विख्यात जनों की नज़रों में देवात्मा—संकलकर्ता 67

देवात्मा की देव-वाणी 71

देवात्मा की अद्वितीय महानता 84

देवात्मा-स्तवन 87

संदर्भ सूची 89

मेरे गुरु

मेरे गुरु का नाम पंडित शिवदयाल सिंह था। वह अपने वंश के विचार से सारस्वत ब्राह्मण थे। उनके बहुत पहले के पूर्वज पंजाब में रहते थे। परंतु उनके पड़दादा युक्त प्रदेश अर्थात् हिंदुस्तान में जा बसे थे। हिंदुस्तान में रहकर उनकी संतान की भाषा धीरे धीरे हिंदुस्तानी बन गई थी। सन् 1836 ई० में मेरे गुरु का मेरठ में जन्म हुआ था। उनके पिता का नाम श्रीयुत गुलाब सिंह था। वह गदर सन् 1857 ई० से पहले भोगिनीपुर जिला कानपुर में थानेदार थे; उसके बाद वह हमीरपुर में तहसीलदार नियुक्त हुए थे। इसी स्थान में सन् 1859 ई० में उनका देहांत हुआ था।

मेरे गुरु का शरीर लंबा था। रंगत गोरी थी। चेहरा सुंदर था। जिस्म में ताक़त बहुत थी। वह दाढ़ी रखते थे। उनकी दाढ़ी बहुत घनी और लम्बी थी, जिसे वह चढ़ाकर रखते थे। वह सिर पर सारे बाल रखते थे, और उन्हें एक काले डोरे के साथ लपेटकर और पीछे की तरफ़ से चक्कर देकर इस तरह ऊपर को मोड़ देते थे, कि फिर वह कानों की लौ की ऊँचाई से अधिक नीचे न लटकते थे। उनकी मूंछें बड़ी बड़ी और घनी थीं। उनकी पोशाक हिंदुस्तानी थी। वह नौकरी के घंटों में साधारणतः पायजामा, कुर्ता और अंगरखा पहनते थे, परंतु किसी किसी मौके पर चोगा भी पहनते थे। वह सिर पर पगड़ी बांधते थे। परंतु घर पर अनेक बार धोती और सिर पर टोपी पहनते थे। वह वा उनके बाप दादा आदि कोई सिख न थे।

मेरे गुरु ने मेरठ में एक सूफ़ी मौलवी से फ़ारसी भाषा की अच्छी शिक्षा पाई थी। इस के भिन्न अंक गणित, रेखागणित, बीज गणित, भूगोल और इतिहास की भी आवश्यक शिक्षा लाभ की थी। इन विषयों के भिन्न उन्होंने अंग्रेज़ी भी सीखी थी। अंग्रेज़ी ज़बान में वह दैनिक बातचीत अच्छी तरह कर सकते थे।

वह शायद बीस वा इक्कीस वर्ष की उमर में रुड़की कालेज में दाखिल हुए थे। वहां से पास होकर वह उसी कालेज में नौकर हो गए थे। वह उस कालेज की सेंट्रल इन्स्ट्रूमेंट डिपो के क्यूरेटर और अकाउंटेंट थे, और इस काम के लिए अस्सी रुपया महीना वेतन पाते थे। इसके भिन्न वह रुड़की में ही संयुक्त प्रांत के मौसम के महकमे के सब से आला अफसर के नीचे मिट्रालोजीकेल आबज़र्वर भी थे, जिस के लिए उन्हें तीस रुपये माहवार और अधिक मिलते थे, और इस प्रकार वह अपने दोनों कामों के लिए एक सौ दस रुपए माहवार वेतन पाते थे। वह अपने स्थूल शरीर के छोड़ने तक उसी कालेज में इन्हीं कामों पर नियुक्त रहे।

मेरे गुरु में जन्मकाल से हि धर्मजीवन सम्बन्धी कई भावों के अति हितकर और सुन्दर बीज लाभ किये थे। कब और किस प्रकार उनके धर्म भाव प्रस्फुटित और उन्नत हुए, इसका मुझे कुछ पता नहीं।

मेरे गुरु बहुत दयानतदार और परिश्रमी आदमी थे, इसीलिए उनके सब अफसर उनसे बहुत प्रसन्न रहते थे।

मेरे गुरु में कर्तव्य विषयक सात्विक बोध बहुत सुंदर रूप में वर्तमान था। उस समय महकमे मौसम का जो यूरोपियन अफसर था, वह रुड़की कालेज में पदार्थ विज्ञान का प्रोफेसर भी था, उसके नीचे मेरे गुरु के भिन्न दो और देसी जन काम करते थे। वहां पर उन दिनों तीन तीन महीनों के अनंतर अड़तालीस घंटों तक प्रति घंटे मौसम संबंधी यंत्रों का अवलोकन होता था, और उनके अंक नोट किए जाते थे। देसियों में इनके भिन्न जो जन इस काम पर नियुक्त होते, वह रात में कई बार सोए पड़े रहते, और सच्चाई के साथ बैरोमीटर और थरमोमीटर पढ़कर उनके पूर्णतः ठीक ठीक डिग्री विषयक अंक नहीं लिखते थे, किंतु अनुमान से ठीक के लगभग कुछ अंक भर देते थे। इसीलिए उनकी इस बद-दयानती से अवगत होने पर मेरे गुरु अपने दैनिक और सब कामों के भिन्न रात के समय इस काम को भी अपने अफसर से आप मांगकर अपने ज़िम्मे लिया करते थे। वह रात में जागकर और प्रत्येक घंटे ठीक समय पर पूर्वोक्त यंत्रों को पढ़कर पूरी दयानतदारी के साथ अपने कर्तव्य को पालन करते थे।

एक बार सन् 1868 ई० में ऐसे ही एक अवसर पर एक ऐसी घटना हुई, कि रात बहुत जा चुकी थी और मैं और वह बातें करते करते सो गए। कुछ देर में वह अपने कर्तव्य बोध के अनुसार घबरा कर उठ बैठे। परंतु जहां पर वह यंत्र लगे हुए थे, वहां पर वह कुछ मिनट देरी से पहुंचे, और यद्यपि मौसम की अवस्था में कुछ भी विचार के योग्य अंतर नहीं आया था, तो भी **कुछ मिनटों की देरी** हो जाने से उनके हृदय में बहुत बड़ा आघात लगा। वह उससे बहुत दुखी हुए। उन्होंने उसी समय झुंझलाकर अपने सिर पर कई एक घूंसे मारे, और कई प्रकार से उस के लिए अपने दुख और अपनी बेचैनी का प्रकाश किया।

मेरे गुरु को किसी का दिल दुखाना बहुत अप्रिय था। एक बार उन्होंने यह अनुभव करने पर कि उन्होंने अपने नीचे काम करने वाले एक जन के किसी अपराध पर उसे आवश्यकता से अधिक झिड़का है, अपने ऊपर, आप कुछ रुपया जुर्माना किया और यह रुपया उस जन को देकर उसके दुखिया दिल को शांत किया।

मेरे गुरु अपने अनुचित अहं को बहुत घृणा करते थे। वह बहुत दीनता प्रिय थे। वह बात बात में अपने अहं की परीक्षा करते रहते थे, और जिस किसी के संबंध में उन्हें अपनी घमंड मूलक किसी क्रिया का पता लग जाता, उसी के संबंध में वह उसे दमन करने की चेष्टा करते। वह दीनता की महिमा के विषय में कितने ही सुंदर वचन कंठ रखते थे, और उन्हें अनुराग पूर्वक पढ़ा करते थे, और इस साधन के द्वारा भी अपने इस भाव को बढ़ाते रहते थे।

मेरे गुरु में धन के लिए कुछ अनुराग न था। वह केवल अपने और अपने बहुत से पारिवारिक जनों के शारीरिक पालन और अन्य अभावों के दूर करने के लिए ही धन कमाते थे। उन्हें जो कुछ तनख्वाह मिलती थी, वह सब की सब अपने कुनबे के ख़र्च के लिए घर वालों को दे देते थे; और अपने पास एक पैसा तक न रखते थे। उनका कुनबा बहुत बड़ा था, और उसके भरण पोषण का कुल बोझा उन्हीं के सिर पर था। उनके परिवार में उस समय उनके और उनकी स्त्री के भिन्न उनके तीन बेटे थे, उनकी बेटी और विधवा माता थीं। निकट के संबंधियों में से एक वृद्ध दादा, एक विधवा मामी और उसके दो बच्चे भी उन्हीं के घर में और उन्हीं के आश्रित रहते थे। पिछले दिनों में उनके बड़े बेटे की पत्नी भी उन्हीं के परिवार में रहती थी।

अत्यंत खेद का विषय है, कि उनके वृद्ध दादा के भिन्न कि जो उन पर बहुत श्रद्धा रखते थे, उनके और पारिवारिक जनों में से उस समय कोई ऐसा जन न था, कि जो उनके इस उत्तम जीवन की कुछ भी महिमा अनुभव करता हो। उनके घर की स्त्रियों में परस्पर बहुत झगड़ा रहता था, और मेरे गुरु उनके इन झगड़ों से बहुत दुखी रहते थे। वह घर के भीतर बहुत कम जाते थे, और अपनी बैठक के कमरे में ही रहा करते थे, और हर मौसम में उसी के भीतर रहते थे; यहां तक कि अत्यंत गर्मी के मौसम में भी वह उसी में सोते थे।

मेरे गुरु सुस्वादु खान पान और सुंदर वस्त्र आदि विषयक किसी वासना के दास न थे। उनके घर में प्रतिदिन जो कुछ खाना पकता; वही वह भी खा लेते थे। उनके वृद्ध दादा उनके लिए जो कपड़े बना देते, वही वह पहन लेते थे।

मेरे गुरु प्रायः चलते फिरते वा बैठे हुए तक कि काम करने के समय में भी अपने मन को किसी उच्च चिंता वा नियुक्त रखते थे। यहां जहां तक हो, जप आदि में नियुक्त रखते थे।

मेरे गुरु अपनी स्त्री के भिन्न प्रत्येक स्त्री को माता वा बहिन वा बेटी की दृष्टि से देखते थे। स्त्रियों के संबंध में उनका हृदय बहुत पवित्र था। वह काम वासना मूलक प्रत्येक प्रलोभन से ऊपर थे। एक बार एक जन ने उनकी इस विषय में परीक्षा करने के लिए एक सुंदरी किंतु कुलटा स्त्री को नियत

किया। महीनों तक इस पतिता स्त्री ने उन्हें अपने जाल में फंसाने के लिए तरह तरह के उपाय किए, और उन्हें कई प्रकार के प्रलोभन दिखाए, परंतु उन्होंने अपने आत्मिक बल से उस पर और उसके सब प्रलोभनों पर पूर्ण जय लाभ की, और उसके सारे यत्न निष्फल गए। तब से मेरे गुरु के प्रति क्या उसकी और क्या और नाना लोगों की और अधिक श्रद्धा बढ़ गई।

मेरे गुरु में **परोपकार** विषयक कई सात्विक भाव वर्तमान थे। वह किसी और के दुख वा किसी किसी अभाव को बहुत अनुभव करते थे। वह जब अपने किसी मित्र की बीमारी वा अन्य किसी विपद वा दुख के विषय में कोई संवाद पाते, तब यथा संभव उसके पास पहुंच कर उसकी एक वा दूसरी सहायता वा शुश्रूषा किया करते थे। कितनी ही अवस्थाओं में उनकी यह सहानुभूति अपनी सीमा से बहुत आगे बढ़ जाती थी, और वह एक एक समय में किसी और से धन उधार लेकर भी किसी किसी की सहायता किया करते थे।

मेरे गुरु अत्यंत सहनशील थे। उनके संबंध में यदि कोई जन कोई अपराध वा पाप करके उन्हें कष्ट वा हानि पहुंचाता, तो वह जहां तक संभव हो, उसके सहने की कोशिश करते थे यहां तक कि अपनी उचित रक्षा के लिए भी कुछ यत्न करना पसंद नहीं करते थे। इस विषय में यहां पर एक विशेष घटना वर्णन करने के योग्य है। वह महकमे मौसम के जिस अफसर के नीचे काम करते थे, उसे अपने लिए एक अंग्रेज़ी क्लर्क की आवश्यकता हुई। इन्होंने एक मित्र की सिफारिश पर उस के एक संबंधी को उसके पास नौकर करा दिया। यह जन अच्छा न था। उसने नौकरी के समय में एक बड़ा अपराध किया, और इसलिए वह अपनी इस नौकरी से मौकूफ किया गया। उसके मौकूफ हो जाने पर उसके भाई ने इनके पास पहुंच कर फिर उसका दुखड़ा रोया, और कहा कि मेरा भाई नौकरी के चले जाने से बहुत दुखी है, अगर आप कृपा करें, तो उसका यह दुख दूर हो सकता है। अब वह पहले की न्याईं कोई अपराध न करेगा; और दयानतदारी के साथ अपना काम करेगा। मेरे गुरु का हृदय बहुत दयालु था, उनका दिल फिर पिघल गया। उन्होंने उस पर फिर कृपा की, और अपनी सिफारिश करके उसे फिर वहीं नौकर करा दिया। अब यह सब कुछ तो उसके संबंध में इनका नेक सलूक था; परंतु वह अपनी नीच प्रकृति के कारण उनके लिए बहुत बड़ा कृतघ्न प्रमाणित हुआ। उसे जो कुछ तनख्वाह मिलती थी, वह उससे अपना बहुत ज़्यादा खर्च रखता था। इसीलिए एक बार उसने 300 रुपए के स्थान में 600 रुपए का एक जाली बिल बनाकर और उस पर अपनी ओर से अपने साहब के जाली दस्तखत करके सरकारी खज़ाने से वह रुपया मंगवा लिया। उसके अफसर को कितने दिनों तक उसकी इस दुष्टता का कुछ पता न लगा। परंतु जब अकाउंटेंट जनरल की तरफ़ से हिसाब की पड़ताल होने पर अफसर खज़ाने से इस विषय में दरयाफ्त किया गया, और उन्होंने इस आदमी के अफसर से

इस विषय में पूछा, तब मालूम हुआ, कि यह इसी क्लर्क की कारस्तानी थी। अब यह जन घबराया, और मेरे गुरु और अपने पूर्वोक्त उपकारी के पास पहुंचा और उनसे उसने पूछा, कि अब मैं क्या करूं? रुपया मैंने अवश्य मंगवाया था, और वह मैंने ख़र्च कर डाला। इन्होंने कहा, कि तुम ने बहुत बड़ा अपराध किया है। अब तुम अपने बचाव के लिए केवल यह कर सकते हो, कि 300 रुपये लेकर साहब के पास जाओ और उनके आगे हाथ बांध कर और अपने अपराध को स्वीकार करके क्षमा प्रार्थना करो। वह साहब के पास गया, और उसने क्षमा प्रार्थना भी की, परंतु रुपया अपने साथ न ले गया और यह कह कर चला आया, कि मैं धीरे धीरे कई किश्तों में रुपया अदा कर दूंगा। उसका भाई बहुत कुटिल था। उसने कहा कि तुम पर यह सब विपद पंडित शिव दयाल सिंह जी ने डाली है। उन्होंने साहब को बता दिया होगा, कि तुमने इस प्रकार रुपया उड़ाया है, नहीं तो साहब को तुम्हारे अपराध का पता क्योंकर लग सकता था? अब तुम भी उन्हें अपने साथ फांसो। हम अकेले क्यों रुपया भरें? उन पर भी तो कुछ चट्टी लगे। इस परामर्श के अनुसार अपराधी ने साहब के पास जाकर यह प्रगट किया, कि यह रुपया मुझ अकेले ने नहीं उड़ाया, किंतु मेरे इस काम में पंडित शिव दयाल सिंह भी मेरे शरीक थे। कितनी बड़ी धूर्तता!! अपने इतने बड़े उपकारी पर कितना भयानक अभियोग!! उपकार के बदले में कितनी महा कृतघ्नता!! इस महा कृतघ्न की इस दुष्टता से मेरे गुरु बहुत बड़ी विपद में पड़ गए। उनके कोमल हृदय पर बहुत गहरा आघात लगा। उनके क्लेश की सीमा न रही। उनके अफसर ने कहा, कि हम यद्यपि खुद तो तुम्हारी सच्चाई पर विश्वास करते हैं, तथापि तुम्हें इस मिथ्या कलंक के दूर करने और उसके लगाने वाले को सजा दिलवाने के लिए अदालत में जाना चाहिए। इस लिए **आत्म रक्षा** के लिए उन्होंने **बहुत लाचार होकर** उस पर नालिश की, और फिर अपराधी के अपराध के प्रमाणित हो जाने पर मैजिस्ट्रेट ने उसे कैद की सज़ा दे दी। "धर्मो रक्षति धार्मिकम्" का वचन ठीक प्रमाणित हुआ।

मैं इस घटना से बहुत पहले उनका शिष्य बन चुका था; और जिन दिनों रुड़की में यह घटना हुई थी, उन दिनों मैं बहावलपुर की तरफ रेल पर नौकर था। मेरे गुरु ने इस कुल घटना का हाल अपनी एक चिट्ठी में लिखकर मेरे पास भेजा था। उस जन पर नालिश करके उसे कैद कराना उन्हें बिल्कुल पसंद न था, इस लिए उन्होंने इस विषय में अपनी चिट्ठी में मुझे यह शब्द लिखे थे:-

"मुझे इस मामले में कमाल तकलीफ पहुंची। अगर इस नौकरी के भिन्न मेरी और मेरे आश्रित जनों की गुज़रान का कोई और सहारा होता तो मैं बेशक नौकरी छोड़ देता और बाबू..............पर हरगिज़ नालिश न करता; क्योंकि फकीर का काम सबर करने का है।"

मेरे गुरु अपने पारिवारिक जनों में से किसी के साथ **मोह बंधन** में बंधे हुए न थे। वह इस प्रकार के मोह से पूर्णतः ऊपर थे। वह अपने वेदांत मत के अनुसार इस जगत् और उसके सब पदार्थों को स्वप्नवत् मिथ्या और माया का खेल समझते थे; और उसमें अपनी किसी वासना के द्वारा लिप्त होना अपने लिए अत्यंत हानिकारक अनुभव करते थे। वह संसार के किसी पदार्थ को अपने अस्तित्व का उद्देश्य नहीं समझते थे, और न उसकी आकांक्षा करते थे। वह संसार को असत्य और एक मात्र "ब्रह्म" को ही सत्य और सार और उसी की प्राप्ति वा उसमें लीन हो जाना अपने जीवन का लक्ष्य जानते थे। वह प्रतिदिन इसी एक लक्ष्य के संबंध में विविध प्रकार के साधन करते थे।

मेरे गुरु भगवद् गीता का बहुत अध्ययन रखते थे। वह उसके वचनों पर विचार करते रहते थे।

मेरे गुरु प्रार्थना शील थे। वह अपने उपरोक्त लक्ष्य की सिद्धि के लिए इस "ब्रह्म" वा "त्रिलोकी नाथ" से ब्रह्मज्ञान की प्राप्ति और उसके प्रति अपने हृदय में प्रेम की उत्पत्ति आदि के लिए प्रार्थना किया करते थे, और जब से मैं और मेरी पत्नी उनके शिष्य बन गए थे, तब से वह हमारे दोनों के हित के लिए भी उससे प्रार्थना करते थे।

उनमें धैर्य्य गुण अर्थात् सहनशीलता का भाव बहुत था। यह अपने वा अपने पारिवारिक जनों आदि के सम्बन्ध में प्रत्येक दुर्घटना, विपद, रोग और क्लेशादि को यह समझ कर, कि वह माया का खेल है, अथवा पर ब्रह्म परमात्मा की ओर से मनुष्य के कल्याण के लिए है, चुपचाप सहने की कोशिश किया करते थे। इस प्रकार वर्षों तक सहनशीलता का साधन जारी रखने से उनमें धैर्य्य-गुण बहुत बढ़ गया था।

पारस्परिक आत्मिक आकर्षण : गुरु-शिष्य मिलन की भूमिका

मार्च 1868 ई० में "होली" का दिन था। मैं अपनी श्रेणी के कितने हि विद्यार्थियों के साथ एक उस्ताद के घर पर होली खेलने के लिए गया था। वहां पर वह भी वर्तमान थे। उसी जगह औरों के साथ बातचीत के समय मेरी भी उनके साथ एक-दो बातें हुईं और इसी बातचीत और मिलने से जैसा कि मैंने ऊपर वर्णन किया है, जहां एक ओर मेरा हृदय स्वभावतः उनकी ओर आकृष्ट हो गया, वहां उनका हृदय भी मेरी ओर आकृष्ट हो गया। तब से मैं उनसे मिलने-जुलने लगा। और ज्यों २ ही यह परस्पर का मेलजोल अधिक हुआ, त्यों २ ही हमारा परस्पर का धर्मगत आकर्षण भी बढ़ता गया। धीरे-धीरे मुझ पर उनकी महिमा खुलने लगी, और मैं उन पर अधिक से अधिक श्रद्धा करने लगा। वह श्रद्धा धीरे-धीरे बराबर गाढ़ होती चली गई, और आखिरकार सच्चे और शुद्ध प्रेम में परिणत हो गई।

कुछ दिनों के मिलने-जुलने के अनन्तर उन्होंने मुझे भी पहचान लिया। मैं उन दिनों में हर किसी से बहुत कम बोलता था। प्रायः चुपचाप रहता था, और चुपचाप रहकर रामनाम का जप करता रहता था। किसी आवश्यक बात के भिन्न किसी से कुछ बातचीत न करता था। मुझे उन्होंने सबसे पहले जो किताब पढ़ने के लिए दी, वह गीता थी; कि जो कन्हैयालाल अलखधारी ने फारसी से उर्दू में तरजुमा (अनुवाद) करके अपने नोटों के साथ छापी थी। इस पुस्तक ने मेरे हृदय को बहुत आकृष्ट किया। इसके भिन्न जहां तक मुझे याद पड़ता है, उन्हों ने मुझे एक किताब अंग्रेज़ी में भी दी थी, जो शायद प्रेमसागर का तरजुमा थी। और वह मुझे इसलिए दी थी, कि मैं उसे पढ़कर अपनी अंग्रेज़ी की योग्यता को बढ़ाऊं।

जून 1869 ई० के अनन्तर प्रायः सवा दो वर्ष तक मैं उनके चरणों में रहा और इन दिनों में मेरे परिवार के लोग भी एक-दो बार मेरे पास आकर रहे। मैं अपने पारिवारिक जनों के सम्मुख उनकी महानता का वर्णन करता रहता था। मेरी पत्नी के भीतर विशेषकर उनके प्रति बहुत श्रद्धा उत्पन्न हो गई थी, और उनकी इस श्रद्धा का परिणाम यह हुआ, कि हम दोनों ने हि उनके शिष्य बन्ने की आकांक्षा की। इस से पहले उन्होंने एक जन को अपना शिष्य किया था, परन्तु वह अयोग्य होने के कारण निष्फल प्रमाणित हुआ। इनके भीतर कोई और शिष्य करने की आकांक्षा न थी, तथापि एक ओर हमारी योग्यता और सच्ची आकांक्षा को देखकर और दूसरी ओर हमारे प्रति अपने असाधारण

स्नेहभाव से परिचालित होकर उन्होंने हमें अपने शिष्यत्व में ग्रहण करना स्वीकार किया और 9 जुलाई 1871 ई० को हम दोनों हि विधिपूर्वक उनके शिष्य हो गए।

शिष्यत्व से पूर्व, जीवन के आदर्श नियम

हमारे शिष्य बनने से पहले उन्होंने मेरी पत्नी के नाम जो चिट्ठी लिखी थी, उसमें उन्होंने जो कई एक प्रकार के उपदेश लिखे थे, वह यह थे :-

बेटी जी ! बाद आशीर्वाद के मालूम हो, कि तुम्हारा इरादा जो शिष्य होने का है, यह सुनकर मुझे बहुत खुशी हासिल हुई। ईश्वर तुम्हारा मनोरथ पूर्ण करेगा। परन्तु शिष्य होने से पहले जो बातें नीचे लिखी जाती है, उन पर अमल होना ज़रूरी है।

1) अपने सतगुरु के बचन पर प्रतीत रखना और कोई काम उनकी आज्ञा के खिलाफ नहीं करना।

2) अपने पति की आज्ञा मानना, और श्रद्धा और अनुराग पूर्वक उनकी सेवा करना।

3) अपने पति के माता पिता को, जो उसके निकट पूजनीय हैं, अपने लिए अधिक पूजनीय जानकर सब प्रकार से उनकी सेवा करना।

4) झूठ कभी न बोलना, चाहे उससे कैसी हि तकलीफ और कैसा हि नुक़सान नज़र आवे।

5) फालतू बातें जिन से कुछ फायदा न हो, कभी किसी से न करना; और जो बात करनी हो, नेक करना।

6) मौत को हर वक्त याद रखना और यह शब्द अकसर मुंह से निकालना "देह मिथ्या है, ब्रह्म सत्य है। जो कुछ दिखलाई देता है, सब अनित्य है।"

7) अपने सतगुरु अथवा अपने पति के भिन्न किसी के सन्मुख आंख उठाकर बात न करना, हर वक्त नज़र नीची रखना।

8) दुनिया में अपने आपको सब से बुरा और अपने से सब को अच्छा समझना।

9) अपने दिल में पैदा करने वाले ईश्वर का ध्यान रखना, और अपने आपको हि सब में देखना, और समझना कि सिर्फ शरीर अलग २ हैं।

10) किसी की निन्दा न करो, और अपने कानों से किसी की निन्दा न सुनो; अगर कोई निन्दा करता हो, तो कहो कि कोई परमेश्वर के विषय में ज़िकर करो।

11) कभी रंजमत करो। जब रंज पैदा हो, तो कहो कि यह बुरा है और उस की तरफ से तबीयत को रोको।

12) अगर कोई तुम्हें बुरा कहे, या गाली दे, तो सुन लो; और जब नागवार गुज़रे तो कहो ईश्वर तुम्हारा भला करे।

इस वचन को स्मरण करते रहना चाहिए :-

"सत्य वचन आधीनता,
पर पुरुष पिता समान;
इतने में हरि ना मिले,
तो तुलसीदास ज़मान॥"

"अपने से जो बड़ा हो, उसको पिता के समान और जो छोटा हो, उसे भाई के समान समझना चाहिए। निदान अपने आपको मट्टी कर देना चाहिए, और यह न सोचना चाहिए, कि यह चीज़ हो, तो खूब हो, और यह बीमारी अच्छी हो जाए, तो बेहतर हो। हमेशा ईश्वर की इच्छा में प्रसन्न रहना चाहिए। यदि इन बातों पर अमल करोगी, तो दिनों दिन इस दुनिया और दूसरी दुनिया में मरतबा हासिल करोगी और यही नियम तुम्हें मुक्ति के देने वाले होंगे।

मेरी दीक्षा

यह बताने से पहले कि ऐसे महा पुरुष की शिक्षा और सुसंगत के प्रभावों से मेरे आत्मा में क्या क्या परिवर्तन उत्पन्न हुआ, और मेरे आत्मा के विकास में क्या क्या अति मूल्यवान और अति आवश्यक सहायता मिली, मैं यह वर्णन करना चाहता हूं, कि उनसे मैंने कब और किस विधि से शिष्य विषयक दीक्षा लाभ की।

मैंने अपनी धर्म पत्नी सहित 9 जुलाई सन् 1871 ई० को रुड़की में ही उनसे शिष्य विषयक दीक्षा ली थी। दीक्षा का दिन नियत किए जाने पर मैं जिस मकान में रहता था, उस के कमरे का पक्का फर्श पानी से धोया गया; उस पर एक जगह होम करने के लिए एक बेदी बनाई गई, और उस पर फूल चुने गए; उसके पास होम की सामग्री के भिन्न तीन जोड़े गेरुवे रंग की धोतियों और चादरों के और दो माले रखे गए। इसके अनंतर हम सब ने स्नान किया, और गेरुवे वरत्र पहने। फिर होम किया गया, जिस के अनंतर हमारे गुरु ने हम में से हर एक के कान में एक एक मंत्र सुनाया, और यह आज्ञा दी, कि हम अपना अपना वह मंत्र किसी और पर कभी जाहर न करें। इसके बाद हम दोनों ने उनका चरणामृत लिया; और उन्हें प्रणाम करके उन का आशीर्वाद लाभ किया, और उसके अनंतर यह अनुष्ठान समाप्त हुआ। शिष्य हो चुकने के अनंतर हम दोनों अपने गुरु की शिक्षा के अनुसार विविध प्रकार के साधन करने लगे। हम दोनों प्रतिदिन नियत समय में स्नान करके और आसन पर बैठकर और गेरुवी धोती और चादर पहन के और धूप जला के नियत संख्या में गुरु मंत्र और गायत्री मंत्र का जाप करते, कई एक स्तोत्र पाठ करते, कागज पर लाल चंदन के साथ नियत संख्या में राम नाम लिखते, गुरु के रूप का ध्यान करते, और परस्पर के संबंध में अनुराग की वृद्धि और मंगल के लिए प्रार्थना करते। इसके भिन्न मैं धूप में खड़ा होकर और अपने गुरु के बताए हुए एक मंत्र को पढ़कर और अपनी छाया पर मन स्थिर करके और फिर धीरे धीरे आकाश की ओर आंख उठाकर उसमें अपने प्रतिरूप को देखता। मुझे यह बताया गया था, कि जब मेरी मृत्यु के चालीस दिन रह जाएंगे, तब फिर यह "छाया पुरुष" मुझे दिखाई न देगा।

शिष्य हो चुकने पर प्रायः दो महीने तक मुझे अपने गुरु के चरणों में रहने का अधिकार प्राप्त रहा, परंतु इसके अनंतर फिर हम सबको एक दूसरे से जुदा होना पड़ा। शिष्य होने से पहले ही मैं ओवरसियर की परीक्षा में उत्तीर्ण हो चुका था। इसलिए कॉलेज के नियमानुसार उसके प्रिंसिपल ने मेरा नाम और कितने ही नामों के साथ गवर्नमेंट आफ इंडिया के पास भेज दिया था। गवर्नमेंट आफ इंडिया

ने और कई जनों के साथ मुझ को महकमे रेल की नौकरी पर नियुक्त किया; इसलिए सरकारी नौकरी रखकर मेरे लिए अब रुड़की में रहना असंभव हो गया। मेरे गुरु की भी ऐसी इच्छा न थी, कि मैं यह नौकरी छोड़ दूं: इसलिए लाचार होकर और हृदय में यह आशा रखकर कि शायद फिर कुछ दिनों के बाद मुझे रुड़की में ही किसी सरकारी नौकरी के मिलने का अवसर निकल आये, मैं बहावलपुर की तरफ चला गया। मेरी पत्नी अकबरपुर चली गई; और इस प्रकार हम तीनों एक दूसरे से जुदा हो गए।

मैं रेल पर काम करने लगा। मैं अपने कर्तव्य बोध के अनुसार बहुत सच्चाई और परिश्रम के साथ काम करता था। मेरे अफसर मुझ पर बहुत खुश रहते थे। परंतु वहां पर मैं अपने आप को एक कैदी की तरह अनुभव करता था। मैं वहां पर इस अवस्था में बहुत उदास रहता था, और बार बार यह कामना करता था, कि कब यहां से निकलू और रुड़की में अपने सत्गुरु के चरणों में पहुंचूं। मेरे गुरु भी हमारी जुदाई से उदास और दुखी रहते थे। हमारी यह आकांक्षा बहुत प्रबल थी। इसलिए हम तीनों ही फिर इस शुभ सम्मिलन के लिए प्रार्थनाएं किया करते थे। इस प्रार्थना के भिन्न मैंने अपनी ओर से इसी उद्देश्य की सिद्धि के लिए देवी के एक मंत्र का पच्चीस हजार बार *जप भी किया था। (***यह जप मैंने उस काल के कल्पित विश्वास के अनुसार किया था।**) कुछ महीनों के अनंतर एक सुयोग उत्पन्न हुआ। रुड़की कॉलेज में हैड सर्वेइंग मास्टर की जगह खाली हुई। मैंने उसके लिए आवेदन पत्र भेजा। कई महीने के पत्र व्यवहार के बाद मुझे वह जगह मिल गई। मेरी तबदीली का गजुट भी हो गया, और जुलाई सन् 1872 ई० में मैं अपने काम का चार्ज देकर बहुत खुशी खुशी रुड़की को रवाना हुआ और रास्ते की कई एक सख्त तकलीफें उठाकर मैं वहां पहुंच गया।

मेरे गुरु का वेदांत मत पर विश्वास

मेरे गुरु वेदांत मत के विश्वासी थे। वह उस मत को सत्य समझते थे। पुराने हिंदुओं में वेदांत मत ही सर्वोच्च मत समझा जाता है। पिछले दो ढाई हज़ार वर्षों से इस देश में इस मत का बहुत प्रचार रहा है- शंकराचार्य के समय से इस मत का प्रचार इस देश में विशेष कर बहुत अधिकता से हुआ है यहां तक कि ऐसे संप्रदायों में भी कि जिन में किसी को उपास्य देवता मानकर उसकी भक्ति का प्रचार हुआ है, वेदांत मत घुसा हुआ है। इस मत का मूल विश्वास इस प्रकार है:-

"ब्रह्म" नामक एक सनातन पुरुष है, कि जो सत्, चित् और आनंद रूप है। यही ब्रह्म सदा से था, और सदा रहता है। यही ब्रह्म "माया" अर्थात् भ्रम में फंसकर नाना प्रकार के जड़ और जीवित अचेतन और चेतन, मूर्ख और ज्ञानी आदि भांत भांत के रूप ग्रहण कर लेता है। सूर्य, चंद्र, पृथ्वी और सब ग्रह और उपग्रह, घास बूटी और वृक्ष, कीट, पतंग, सांप, बिच्छू, शेर, भेड़िया, बकरी, बकरा, गाय, बैल और मनुष्य आदि सब अस्तित्व एक उसी ब्रह्म का अलग अलग रूप हैं। माया वा भ्रम के कारण मनुष्य को यह सब अस्तित्व सत्य दिखाई देते हैं; परंतु वास्तव में यह सब अस्तित्व "ब्रह्म" ही हैं, और ब्रह्म के भिन्न कहीं भी कोई और अस्तित्व न पहले था, न अब है और न आगे हो सकता है। मनुष्य का जीव भी ब्रह्म ही है। माया से निकल कर अपने आप को ब्रह्म के सच्चिदानंद स्वरूप में उपलब्ध करने के योग्य बन जाना ही मनुष्य का परम पुरुषार्थ है।

इसी मत का मेरे गुरु भी मुझे उपदेश करते थे। सन् 1872 ई० में उन्होंने अपने मुक़दमे के संबंध में मुझे जो ख़त लिखा था, उसमें भी उन्होंने जगह जगह इसी मत के अनुसार अपना भात प्रकाश किया था। दृष्टांत स्थल में उन्होंने उसके पहले पृष्ठ पर ही यह लिखा था:-

"हे ब्रह्म दास ! ब्रह्म में लीन होना चाहिए। त्याग नाम घर और बच्चों और पत्नी आदि के छोड़ देने का नहीं है, किंतु त्याग नाम माया का है। मनुष्य को जो कुछ नज़र आता है, उस को वह ब्रह्म के सिवाय और कुछ न समझे। जो कुछ है, सब को ब्रह्म ही जाने। भाई जान! प्रभु की इच्छा में रहना और कभी शिकायत न करना।"

"शर्त इश्क अस्त कि अज़्र,
जौर शिकायत न कुनद,

लेकिन अज़ शौक हिकायत
बसुबां मी आयद।"

"अपना काम दम मारने का नहीं है। हर समय उसकी इच्छा में राज़ी रहना मुनासिब है। यदि ऐसा न हो, तो अधैर्य में दुख और विवाद के भिन्न और क्या मिल सकता है? अपनी "मैं" को मार कर उसी की इच्छा के साथ एक हो जाना मुख्य साधन है।"

"हो फना ज़ात में कि तू न रहे,
तेरी हस्ती की रंगो बू न रहे;
इस तरह डूब उस में ऐ साबिर,
कि बजुज़ हू के गैर हू न रहे।"

फिर 28 वें पृष्ठ पर आप ने यह लिखा थाः-

"आंख कान मुख मूंद के,
नाम निरञ्जन ले;
भीतर के पट तब खुलें,
जब बाहर के पट दे।"

"जब कभी तुम को आंखों, कानों और नाक के बंद करने पर कोई रूप चंद्र का सा नज़र आवे, तो उसमें एक चेहरा अति सुंदर अपने प्रियतम का भी दिखाई देगा। जब यह नज़र आ जाए, तो फिर उस की सूरत का प्रेम रखना। और यह बहुत आवश्यक है, कि तुम मुझ को हरगिज़ न भूलना। तुम्हें अपने आप को मुझ में लीन करना चाहिए। साधन यह है, कि पहले मेरी सूरत का ख़याल बांधना, फिर उस को अपने पास लाते लाते अपने आप को भी वही समझना, जब यह बात होने लगेगी, तो कुछ और ही आनंद अनुभव होगा।"

फिर आगे चलकर उन्होंने 29 वें पृष्ठ पर यह लिखा था:-

"ईश्वर जानता है, कि जिस समय तुम्हारी जुदाई का ख़याल आ जाता है, तब उस समय दिल का अजीब हाल हो जाता है। अगरचे तुम बहुत दूर हो, परंतु प्रेम

(भावार्थः- प्रेम की शर्त यह है, कि प्रेमक अपने प्यारे के जुल्म की कभी भी शिकायत न करे- हां अगर अपने हाल की कहानी सुनाने के शौक से कोई उसका बयान करे तो मुज़ायका नहीं है।)

के कारण मेरे हृदय में ही विराजमान हो।........

यद्यपि मेरे और तुम्हारे वश में भी है, फिर वह कौन सी चीज़ है जो हमें मिलने नहीं देती? माया।"

फिर उन्होंने अपनी उसी चिट्ठी में एक जगह यह लिखा थाः-

"अपने आप को दास समझना हमारा कर्तव्य है। प्रत्येक मनुष्य को उचित है कि वह अपने आप को पापी समझे। और न केवल नियत समय पर किंतु हर समय अपने मालिक के समीप सच्चे दिल और डबडबाती हुई आंखों के साथ यह विनय करे, कि मैं बहुत पापी हूं, तू मुझ पापी पर अपनी दया कर। हे त्रिलोकीनाथ! शरण आए की लाज रख। मेरे हृदय को अपने ज्ञान से आलोकित कर। हे पूर्ण ब्रह्म! मुझे सदा के लिए अपने चरणों का प्रेमक बना। क्या आश्चर्य है, कि उस महा प्रभु को रहम आ जाए, और वह अपने चरणों की सेवा में ग्रहण कर ले।"

"मूकं करोति वाचलम्,
पंगुं लंघयते गिरिम,
यत्कृपात्व महं बंदे,
परमानन्द माधवम्।"

मैंने उनके पत्र में से ऊपर जो अवतरण दिए हैं, उनसे उनके विश्वास अथवा धर्ममत का भली भांत पता मिलता है। वह अपने इस मत का आप कोई प्रचार न करते थे, उनके विश्वास के अनुसार किसी और के मत को चाहे वह कैसा ही बुरा हो, बुरा बतलाना उचित न था, और वह किसी के धर्म मत वा अपनी वा किसी की बिरादरी वा जन समाज की किसी बुराई वा किसी कुरीति आदि पर अपनी ओर से कभी कोई आक्रमण न करते थे, और ऐसी सब बातों को "माया" का खेल समझ कर आप उन सब से उपराम रहकर शांति वा आनंद में रहना चाहते थे।

गुरु-शिष्य धर्म जीवन की अनुपम झलक

मत कुछ और चीज़ है, और धर्मजीवन कुछ और। अब मैं यह बताना चाहता हूं, कि उनमें वह धर्मजीवन क्या था, कि जो मनुष्य के लिए परमवांछनीय और सार वस्तु है :-

(1) उनके हृदय में सच्चे वैराग्य का भाव वर्तमान था। वह इस पृथिवी में रहकर यहां के किसी पदार्थ अथवा अपनी वासना आदि के किसी विषय को अपने जीवन का लक्ष्य नहीं समझते थे। और यद्यपि अपने और अन्य पारिवारिक जनों के शारीरिक निर्वाह के लिए नौकरी करना और धन कमाना आवश्यक और उचित समझते थे, परन्तु धर्मजीवन से बढ़कर वह किसी और वस्तु की आकांक्षा न रखते थे। उनमें धर्म आकांक्षा बहुत प्रचलित रूप से वर्तमान थी।

(2) उनमें कई एक पापों के सम्बन्ध में सच्चा बोध वर्तमान था। वह उन्हें बहुत घृणा करते थे, और आप उनसे मुक्त थे। यथा, (I) मिथ्या भाषण, (II) धोखा, (III) कुटिलता, (IV) चोरी, (V) व्यभिचार, (VI) आलस्य, (VII) जुआ, (VIII) जीववध, और मांस भक्षण, (IX) बददयानती, (X) शराब, अफीम, भंग, गांजा, चरस और चण्डू का सेवन।

(3) उनमें दूसरे के सम्बन्ध में कर्तव्य बोध बहुत उज्ज्वल रूप में वर्तमान था। वह किसी के साथ जो कुछ उचित इकरार करते अथवा उसके सम्बन्ध में अपनी ओर से जो कुछ कहना वा कार्य करना उचित समझते थे, उसे भली भान्त पूरा करते थे।

(4) उनमें **दया** का भाव प्रचल रुप में वर्तमान था। वह क्या अपने पारिवारिक जनों और क्या अपने मित्रों आदि के सम्बन्ध में किसी शारीरिक पीड़ा वा विपद् आदि का संवाद पाकर उनकी उत्साह पूर्वक शुश्रूषा वा सहाय किया करते थे।

(5) उनमें **परोपकार** सम्बन्धी उच्च अनुराग वर्तमान था। वह इस भाव से परिचालित होकर कितने हि लोगों की धन आदि से भी सहाय किया करते थे। इस भाव में एक-एक बार उचित सीमा से बढ़ जाते थे, और आप किसी से धन उधार लेकर और किसी और को देकर उसके अभाव को दूर करते थे। उनके ज़िम्मे जिस २ का कुछ भी देना हो, उसका अपने पास ठीक २ हिसाब रखते थे। परंतु उन्हें आप जिस किसी से जो कुछ लेना होता था। उसका हिसाब नहीं रखते थे।

(6) वह अपने **समय का उचित व्यवहार** करते थे। उसे वृथा नष्ट न करते थे। चलते, फिरते, यहां तक कि कई वार काम करने के समय में भी अपने मन को किसी उच्च चिन्ता अथवा जप आदि में नियुक्त रखते थे।

(7) वह पर के सम्बन्ध में अपने **अहं** के अनुचित अधिकार को नष्ट करने के लिए बार-बार यत्न करते थे। वह अपने अहं के विषय में सदा परीक्षा करते थे। उनमें दीनता का कोमल और रसमयभाव बहुत उच्च रूप में वर्तमान था।

(8) वह प्रतिदिन **नियत समय** में पाठ विचार और जप आदि का **साधन** करते थे। बहुत दीन भाव के साथ अपने और हम दोनों के मंगल के लिए प्रार्थना किया करते थे।

उन्होंने अपने उपरोक्त पत्र में इस विषय में भी अपना भाव इस प्रकार प्रकाश किया है:-

"उसी की कृपा पर भरोसा करके मैं तुम दोनों के लिए दोनों वक्त बहुत दीन भाव से प्रार्थना किया करता हूं। यकीन है, कि कबूल होगी। त्रिलोकीनाथ! हम तीनों पर अपना रहम कर, और हम को एक जगह मिलादे। और ऐसी कृपा कर, कि हमारे दिलों में तेरे चरणों की मुहब्बत कायम हो जाय। तेरे प्रेम से बढ़कर किसी और के संग प्रेम न हो।"

उपरोक्त सब प्रकार की क्रियाओं में जहां तक वह कितने हि प्रकार के पापों से रहित थे और पर के सम्बन्ध में दया और हित अनुराग के उच्च भाव रखते थे, और उनके द्वारा परिचालित होकर औरों का सच्चा हित साधन करते थे, अथवा औरों के हित के लिए कामना करते थे, वहां तक उनका आत्मा निश्चय धर्म जीवन रखता था, और अपनी अवस्था के अनुसार किसी उच्च लोक का अधिकारी बन चुका था।

वह हम दोनों की धर्म आकांक्षा और हमारे सचरित्र और धर्मसम्बन्धी साधनों आदि से बहुत प्रसन्न रहते थे। उसी चिट्ठी में उन्होंने मेरे विषय में इस प्रकार अपनी प्रसन्नता का प्रकाश किया है:-

"भाई जान! तुम्हारे विश्वास, तुम्हारे वचन और तुम्हारे कार्य से मुझे पूरी आशा है, कि तुम निश्चय अपने उद्देश्य में सफल काम होगे।"

मेरी पत्नी के सम्बन्ध में उन्होंने अपनी प्रसन्नता को उसी चिट्ठी में इन शब्दों में प्रकाश किया था:-

"मैं तुम्हारे सच्चरित्र और आज्ञा पालन से निहायत खुश हूं। अक्सर प्रार्थना करता हूं, कि ईश्वर तुम को दोनों जहान में सफल काम करे।"

मैं अपने गुरु का कोई मामूली शिष्य न था, और न मेरे गुरु हि मेरे कोई मामूली गुरु थे। मैंने किसी रसम के पूरा करने के लिए उन्हें गुरु रूप में ग्रहण नहीं किया था, और न उन्होंने हि किसी प्रथा के पूरा करने के लिए मुझे शिष्य बनाया था। एक काल था, जब कि वह और मैं दोनों हि रुड़की में रहते थे, परन्तु हम एक दूसरे को बिलकुल न जानते थे। उसके अनन्तर हम आप इच्छा करके भी एक दूसरे से नहीं मिले। विश्व की अपनी कार्यप्रणाली के अनुसार एक ऐसी घटना पैदा हुई, कि एक विशेष अवसर पर कितने हि और जनों के समूह में हमें एक दूसरे के देखने और परस्पर एक दो बातों के करने का सुयोग मिला। यह एक आश्चर्य्य-जनक घटना थी। उस समय वहां पर और कितने हि जन वर्तमान थे, परन्तु उनमें से कोई किसी के प्रति इस प्रकार से आकृष्ट न हुआ, कि जिस प्रकार हम एक दूसरे के प्रति आकृष्ट हुए। यह आकर्षण सदृश प्रकृति और गति को लेकर था।

किसी ने कहा है, कि

"कुनद हम जिन्स वा,
हम जिन्स पर बाज़;
कबूतर वा कबूतर,
बाज़ वा बाज़।"

इसी भाव को लेकर एक हिन्दु कवि ने भी कहा है, कि

"प्रकृति मिले मन मिलत है,
अन मिलते न मिलाय;
दूध दही ते जमत है,
कांजी ते फट जाय।"

जैसे कबूतर कव्वे की ओर नहीं, किन्तु कबूतर की ओर हि आकृष्ट होता है, यद्यपि दोनों हि पक्षी हैं; वैसे हि हम दोनों की अवस्था हुई। कितने हि लोग वहां और भी वर्तमान थे, और वह सभी मनुष्य थे, फिर भी हम दोनों ने परस्पर के प्रति जो आकर्षण अनुभव किया, वह किसी और के साथ अनुभव नहीं किया। हम दोनों हि धर्माकांक्षी थे, जब कि और न थे। हम दोनों अपनी आन्तरिक उच्च अभिलाषा के अनुसार एक ओर की गति रखते थे। हमारे आन्तरिक हृदयों में एक विशेष सादृश्यता वर्तमान थी, और इसी लिए अन्तर्जगत् के नियम के अनुसार हमारा परस्पर के प्रति तत्काल आकर्षण हो गया।

यह आकर्षण किसी नीच वासना वा नीच प्रवृत्ति को लेकर न था, किन्तु धर्म आकांक्षा और धर्म की उच्चगति को लेकर था। इसलिए यह आकर्षण उस आकर्षण से बिलकुल निराला था, कि जो किसी एक प्रकार की वासना वा उत्तेजना के द्वारा दो वा कई जनों में हुआ करता है।

पिछले प्रकार के सब आकर्षण जहां किसी आकृष्टकारी के लिए उच्चगति दायक नहीं होते, वहां दूसरी ओर वह अपनी प्रकृति में स्थाई भी नहीं होते। इसीलिए किसी जन का किसी और जन के साथ किसी साधारण वासना वा उत्तेजना को लेकर जो सम्बन्ध सूत्र स्थापित होता है, वह जैसे नीच और हानि कारक होता है, वैसे हि अनेक बार इसी पृथिवी में कुछ दिन के अनन्तर टूट जाता है, अथवा मृत्यु के अनन्तर कट जाता है। धर्म अथवा उच्च अनुराग-मूलक सम्बन्ध के बिना और कोई सम्बन्ध आत्मा के लिए सर्वथा हितकर और स्थाई नहीं होता। इसीलिए यद्यपि बाहर की दृष्टि से हम - दोनों का पहला सम्मिलन एक साधारण सम्मिलन था, परन्तु आध्यात्मिक राज्य के नियम के अनुसार वह साधारण सम्मिलन न था। वहां पर मेरे साथी और कितने हि विद्यार्थी वर्तमान थे, परन्तु कालेज छोड़ने के अनन्तर उनमें से फिर किसी के साथ मेरा कुछ सम्बन्ध न रहा- यहां तक कि कितनों के मुझे अब नाम तक भी याद नहीं है। परन्तु उस विशेष अवसर पर हम दोनों जिस उच्च आकर्षण सूत्र से बंधे थे, वह केवल यही नहीं, कि टूटा नहीं, किन्तु अनुकूल अवस्था को प्राप्त होकर दिनों दिन गाढ़ हुआ है। यही वह धर्मगत सम्बन्ध है, कि जिस को यहां की मृत्यु भी नहीं तोड़ सकती। **हम दोनों एक दूसरे के आत्मा के अनुरागी थे।** एक दूसरे के विशुद्ध **शुभ चिन्तक** और **प्रेमक** थे। किसी पार्थिव पदार्थ वा किसी और नीच लक्ष्य को लेकर हमारा सम्बन्ध न था। इसीलिए उनकी मृत्यु के अनन्तर भी एक ओर जैसे मैं उन्हें नहीं भूल सका, और उनके शुभ की ओर से उदासीन नहीं हो सका, वैसे हि वह मुझ को नहीं भूल सके और मेरे शुभ की ओर से उदासीन नहीं हो सके। मेरी पत्नी के सम्बन्ध में भी यही बात थी। वह हम दोनों से धर्मभाव के साथ जुड़े रहे, और हम दोनों उनके साथ जुड़े रहे। फिर यह और भी आश्चर्य की बात हुई, कि मेरे गुरु अपने स्थूल शरीर के छोड़ने के अनन्तर जहां हम दोनों को नहीं भुला सके, और हम दोनों के हित से उदासीन न हो सके, यहां वह अपने सारे घर वालों को भूल गए-यहां तक कि अपनी पत्नी और अपने बाल-बच्चों को भी भूल गए, और उनके साथ उनका कोई सम्बन्ध न रहा !!

मेरे गुरु के उच्च प्रभावों के द्वारा मेरा आत्मिक विकास

नेचर में मेरे आविर्भाव के अनंतर मुझ में अपने जन्म स्थान अर्थात् अकबरपुर में रहकर देव जीवन संबंधी हित अनुराग विषयक विविध आवश्यक था, कि मैं अकबरपुर से निकलकर रुड़की में पहुंच गया। फिर रुड़की में पहुंचने पर एक वर्ष के बाद अर्थात् मार्च सन् 1868 ई० में एक ऐसी घटना उत्पन्न हुई, कि मैं और मेरे गुरु किसी कारण से एक ही दिन और एक ही समय किसी एक ही स्थान में एकत्र हो गए और हमें एक दूसरे के देखने वा एक दूसरे से मिलने का अवसर प्राप्त हुआ। यद्यपि उस स्थान में और बहुत से लोग भी वर्तमान थे, तथापि हम दोनों के हृदय अपनी **उच्च सादृश्यता** के कारण उसी समय एक दूसरे के प्रति लोहे और चुंबक की न्याई **आकृष्ट** हो गए। उस समय नेचर के गुप्त प्रबंध के अनुसार हम दोनों ने ही एक दूसरे के प्रति एक आश्चर्य रसमय वा मधुमय आकर्षण अनुभव किया, और उसी समय से हम दोनों एक दूसरे के साथ **सात्विक अनुराग सूत्र से बंध गए**, और हमारे हृदयों में उसी समय से एक दूसरे से मिलने और एक दूसरे के निकट होने की आकांक्षा जाग्रत हुई। यह घटना हम दोनों को ही बहुत विस्मय-जनक और निराली बोध हुई, और सचमुच वह निराली ही थी, क्योंकि उससे पहले कम से कम मैंने अपने हृदय में इस प्रकार का **उच्च आकर्षण** किसी के संबंध में अनुभव नहीं किया था।

मेरे आत्मिक विकास के लिए जैसे मेरे हृदय में मेरे गुरु के प्रति अनुराग का उत्पन्न होना आवश्यक था, वैसे ही मेरे आत्मिक हित के लिए उनके भीतर आकांक्षा उत्पन्न करने के निमित्त उनके हृदय में भी मेरे प्रति इस अनुराग का उत्पन्न होना आवश्यक था। इस अनुराग के बिना जैसे मैं उनके आत्मा के साथ जीवंत और हितकर संबंध उत्पन्न करके उनके उच्च प्रभावों को लाभ नहीं कर सकता था, वैसे ही वह आप भी मेरे आत्मिक हित के लिए अपनी ओर से कोई यत्न वा सहाय नहीं कर सकते थे। इसलिए **नेचर के उच्च परिवर्तनकारी नियम के अनुसार अनुकूल समय के आने पर, हम दोनों के हृदयों में परस्पर के प्रति उपरोक्त हितकर आकर्षण उत्पन्न हो गया।** तब से मैंने उनसे और उन्होंने मुझ से मिलने की आकांक्षा अनुभव की, कि जो आकांक्षा दिनों दिन अधिक से अधिक उन्नत और मधुर होती गई। जिस समय हम दोनों के हृदयों में इस **सात्विक अनुराग** की जाग्रति हुई, उस समय मैं कॉलेज में विद्यार्थी था; इसलिए अपनी पढ़ाई और अन्य आवश्यक कामों को पूरा करने के

अनंतर बीच बीच में मुझे जब कभी कुछ अवकाश मिलता, तब मैं उतने समय में उन से मिलता, और वह भी इसी प्रकार मुझ से मिलते। इन्हीं मिलने जुलने के समयों में उन्होंने एक दिन मुझे भगवद्गीता की पुस्तक पढ़ने के लिए दी। यह पुस्तक लुधियाने के विख्यात् वेदांती मुंशी कन्हैया लाल अलखधारी ने फारसी से उर्दू में तर्जुमा करके अपने नोटों के साथ छापी थी। इस पुस्तक को मैंने एक वा दूसरे समय में विचारपूर्वक पढ़ना आरंभ किया। उसके कुल विषय ही मेरे लिए पूर्णतः नए थे। उसमें अलखधारी जी के दीबाचे और विविध नोटों और प्रकृत विषय के पाठ से मुझे यह प्रतीत हुआ, कि मैं अपनी वासनाओं और सांसारिक सब प्रकार के सुखों से ऊपर जिस आत्म-कल्याण के लिए अपने हृदय में **प्रबल भाव** रखता हूं, वह **आत्मिक कल्याण ब्रह्मज्ञान और ब्रह्मानंद की प्राप्ति ही है।** और इसी ब्रह्मज्ञान और ब्रह्मानंद की प्राप्ति के लिए मुझे प्रत्येक प्रकार का त्याग और साधन करना आवश्यक है। फिर अपने गुरु की संगत और बातचीत और उनकी अपनी साधन प्रणाली और उनके उच्च जीवन के देखने से जो प्रभाव मुझ तक पहुंचे, उन्होंने मेरी इस आकांक्षा के बढ़ाने में बहुत बड़ी सहायता की।

इसके अनंतर प्रायः छः सात महीने तक मैं रुड़की में विद्यार्थी रहा; जिस के बाद मैं नहर आगरा पर नौकर होकर मथुरा की ओर चला गया। परंतु इस थोड़े से काल में ही मेरे भीतर अपने भावी गुरु के लिए इतना आकर्षण बढ़ चुका था, और मैं उनके पास और उनकी संगत में रहने का इतना लालसी बन चुका था, कि फिर उनसे दूर रहकर मेरे लिए नौकरी करना बहुत कठिन और दूभर हो गया। मैं उनकी संगत से दूर रहकर उनसे अपनी जुदाई के कारण कई बार बहुत बिलग बिलग कर रोया करता। मुझे वहां पर उनसे बढ़कर और कोई चीज़ आकृष्ट न करती और न ऐसी प्रतीत होती कि जिस के लिए मैं उनसे दूर पड़ा रहूं। मैंने बहुत व्याकुलता से उनके चरणों में पहुंचने के लिए "ईश्वर" से प्रार्थनाएं करनी आरंभ कीं, और आखिरकार नेचर के कार्यक्रम में मेरी यह शुभ कामना सफल हुई। मुझे नहर पर नौकरी करते हुए सात आठ महीने ही हुए थे, कि इतने में कॉलेज में असिस्टेंट सर्वेइंग मास्टर की एक जगह खाली हुई। मैंने उसके लिए दरख्वास्त की, और मेरी वह दरख्वास्त मंजूर हो गई, और मैं जून सन् 1869 ई० में पैंसठ रुपए महीने की नौकरी छोड़ कर चालीस रुपए महीने की नौकरी पर फिर रुड़की चला गया। वहां पहुंचकर प्रायः सवा दो वर्ष तक मैं उनके चरणों में रहा।

मेरे हृदय में अपने गुरु के प्रति जो सात्विक अनुराग था, वही उनके साथ मेरे उच्च और जीवंत संबंध का मूल हेतु था। मैं उनके प्रति अपने अनुराग भाव के कारण केवल यही नहीं, कि उनके प्रत्येक सुख दुख, उनकी प्रत्येक बीमारी और विपद और कठिनता आदि के संबंध में विशेष रूप से सहानुभूति अनुभव करता था; किंतु जहां तक संभव हो, उनके समीप ही रहना चाहता था।

इसी प्रकार जुलाई सन् 1871 ई० में शिष्य हो चुकने पर दो महीने के बाद ही जब मैं उस समय की इन्डस वैली स्टेट रेलवे (अब नार्थ वैस्टर्न रेलवे) पर उस के बहावलपुर डिवीज़न में ओवरसियर नियुक्त हुआ, तब भी मैं उन की जुदाई से बहुत उदास रहता था; और वहां भी मैं बार बार यही आकांक्षा करता था, कि मुझे किसी तरह उनके चरणों में रहने का अवसर प्राप्त हो। और जब नहर आगरे की तरह वहां पर भी मेरी इस गाढ़ आकांक्षा के पूर्ण होने का अवसर उत्पन्न हो गया, अर्थात् रुड़की कॉलेज में ही उन्हीं दिनों हैड सर्वेइंग मास्टर की जगह खाली हुई, और दरखास्त करने पर मुझे वह जगह मिल गई, तब मैंने रेलवे की अपनी भत्ते समेत प्रायः एक सौ पांच रुपए महीने की नौकरी छोड़ कर वहां की साठ रुपए महीने की नौकरी बहुत खुशी के साथ स्वीकार कर ली।

रुड़की की ओर रवाना होने पर रास्ते में आदम वाहन के पास सतलुज से किश्ती के द्वारा पार होते ही पहले पहल एक बड़े तूफान के आने पर और फिर फिल्लौर के पास उसी सतलुज दरिया पर रेलवे का जो पुल था, उसके टूट जाने से और दरिया के बहुत चढ़ाव की हालत में होने से मुझे रुड़की तक पहुंचने में न केवल कई प्रकार की विपदों और बहुत कष्टों किंतु एक बार अकाल मृत्यु की आशंका में से भी गुज़रना पड़ा। फिर भी इन कुल विघ्नों और कष्टों में से गुज़रते समय मेरे हृदय में अपने गुरु के चरणों में पहुंचने की जो ज़ोरदार अभिलाषा वर्तमान थी, वह मेरे धैर्य में बहुत बड़ी सहायक थी। सतलुज नदी के पुल के टूट जाने और उसके कारण मेरे रास्ते में कई विघ्नों के उत्पन्न हो जाने से, जब मैं अपने पहले प्रोग्राम के अनुसार रुड़की में न पहुंच सका, तब मेरे गुरु जी को मेरे विषय में बहुत फिकर उत्पन्न हुआ। इस दशा में उन्होंने मेरे पिता जी के नाम अकबरपुर में जो पत्र भेजा था, उसमें उन्होंने यह लिखा था:-

"इस वक़्त तक मुझ को अज़ीज़ शिवनारायण का कुछ हाल मालूम नहीं हुआ, और उनके हाल के न मालूम होने से मुझे ऐसी तकलीफ़ है कि ईश्वर को मालूम है। अगर आप को कुछ हाल मालूम हो, तो जल्दी इतलाअ फ़रमाइए। आज मैंने इसी समय उनके साहब को बहावलपुर के पते पर एक तार भेजा है, वहां से कोई ख़बर मिलने पर, मैं आप को भी ख़बर दूंगा। 13 जुलाई सन् 1872 ई०।"

उनका यह कष्ट और फ़िकर इस बात का सूचक है, कि वह मेरे लिए अपने हृदय में कैसा गहरा स्नेह भाव रखते थे।

अंत में मैं कुशल पूर्वक रुड़की पहुंच गया। मैं उन्हें भेंट देने के लिए अमृतसर से एक लोई और शायद उसके साथ कोई और चीज़ वा चीजें खरीद कर ले गया था।

मैं उन दिनों छः घंटे तक कॉलेज में काम करता था, और अपने काम के सिवाय अपने गुरु जी की बीमारी के कारण वहां पर उनकी नौकरी का भी आवश्यक काम करता था। उसके अनंतर जितना समय बाकी रहता था, उसे मैं केवल उनके चरणों में ही रहकर, उन्हीं की सेवा और शुश्रूषा में व्यतीत करता था। उनके घर के संबंधियों के भिन्न उनके कुछ और मित्र और श्रद्धालु भी उन की सेवा करते थे। मैं अपने गुरु की शुश्रूषा के विविध कामों में एक एक बार इतना लीन हो जाता था, कि मुझे अपनी कोई सुध न रहती थी। इसीलिए मेरी अपनी शारीरिक आवश्यकताएं भी ठीक तरह से पूरी न होती थीं। एक दिन आधी रात के बाद उनके लिए बर्फ की ज़रूरत हुई। मैं बर्फ़ लेने के लिए चला; परंतु मुझे अपना जूता न मिला। मुझे उसकी कुछ परवाह न हुई। मैं नंगे पांव ही भागा। रात को अंधेरे में ठोकरें खाता हुआ उस मकान पर पहुंचा, कि जहां बर्फ तैयार होती थी और बर्फ ले आया।

मेरे गुरु क्या अपने प्रति मेरे हितकर विश्वास और अनुराग और क्या अपने और क्या अन्य संबंधों में मेरी नाना क्रियाओं से बहुत संतुष्ट रहते थे। उन्होंने मेरे रेल की नौकरी के दिनों में मेरे पास अपनी जो लंबी चिट्ठी भेजी थी, उसमें और बहुत सी बातों के भिन्न मेरे प्रति अपनी प्रसन्नता के विषय में उन्होंने यह शब्द लिखे थेः-

"भाई जान! तुम्हारे विश्वास, तुम्हारे वचन और तुम्हारे कार्य से मुझे पूरी आशा है, कि तुम निश्चय अपने उद्देश्य में सफल काम होगे।"

इस काल में उनकी संगत वा उनके प्रभावों से मुझ में जिस जिस प्रकार का परिवर्तन उत्पन्न हुआ, वह यह था:-

माया से मोक्ष और ब्रह्मानंद विषयक लक्ष्य की धारणा

इस काल में उनकी संगत से मेरे हृदय में ब्रह्मज्ञान और ब्रह्मानंद की प्राप्ति के लिए दिनों दिन आकांक्षा गाढ़ होती गई, और अब वह मेरे आत्मा का एकमात्र लक्ष्य बन गई। उनकी संगत में आने से पहले यद्यपि मेरा हृदय सांसारिक नाना सुखों से ऊपर किसी और वस्तु की प्राप्ति का प्रबल आकांक्षी बन चुका था, तथापि मुझे यह कुछ ज्ञान न था, कि वह ऊपर की वस्तु क्या है; यहां पर अपने गुरु की संगत से यह ज्ञात हुआ, कि सब सांसारिक सुखों से ऊपर एक और उच्च आत्मिक आनंद है, कि जो ब्रह्मज्ञान अर्थात् जीव और ब्रह्म के अभेद ज्ञान और माया विषयक सब असार बंधनों के टूटने से लाभ होता है। इसी ज्ञान से पुनर्जन्म के कष्टों से भी मोक्ष मिलता है, और इसी परम पद का लाभ करना अधिकारी मनुष्य का परम पुरुषार्थ और परम लक्ष्य है।

वैराग्य भाव की उन्नति

मेरे गुरु जिस प्रकार के वैराग्य की शिक्षा देते थे, और अपने जीवन से उसका प्रकाश करते थे, वह वैराग्य वह न था, कि जिसमें **गृहस्थाश्रम का त्याग** वा किसी **उपवास** आदि किसी शारीरिक साधन की आवश्यकता हो। मेरे गुरु आप गृहस्थी थे; वह अपनी पत्नी और संतान के भिन्न और कई संबंधियों सहित बहुत बड़ा परिवार रखते थे; वह नौकरी करके अपना और अपने पारिवारिक सब जनों का भरण पोषण आदि करते थे; वह गृहस्थ त्याग करके भीख मांगना और औरों की कमाई से पेट भरना वा सुस्वादु भोजन करना, नशे पीना, तीर्थ स्थानों के दर्शन और स्नान आदि के लिए वृथा भ्रमण और औरों के संबंध में अपने आवश्यक कर्तव्य कर्मों को छोड़कर वृथा समय नष्ट करना, वा कुछ देर किसी मंत्र वा स्तोत्र वा पुस्तक आदि का पाठ कर लेना और इस प्रकार सन्यासी वा साधु कहलाना अत्यंत गर्हित काम समझते थे। वह किसी ऐसी क्रिया को वैराग्य नहीं समझते थे। उनका वैराग्य इस प्रकार का न था। फिर उनका वैराग्य क्या था? उनका वैराग्य यह था, कि मनुष्य अपनी जिन नाना प्रकार की वासनाओं यथा सुस्वादु आहार, मादक द्रव्यों के सेवन, धन संपत्ति, मान बड़ाई, काम प्रवृत्ति और संतान आदि विषयक नाना सांसारिक सुखों के दासत्व में फंसकर ईर्षा द्वेष आदि भावों के वशीभूत होकर विविध प्रकार के हार्दिक और शारीरिक कष्ट पाता और भोगता है, और भ्रम वशतः जिन जनों वा पदार्थों को प्रिय समझ कर उन के **मोह** में लिप्त होता है, और उनके **वियोग** से विविध प्रकार का अनावश्यक **कष्ट** पाता है, और एक एक बार इतना भयानक कष्ट पाता है, कि उसे अपने लिए **असह्य** पाकर **आत्मघात्** तक करने के लिए तैयार हो जाता है, वह इस "दासत्व" वा "मोह" के संबंध में यथार्थ बोध लाभ करने पर उनसे **विराग** वा **विरक्ति** लाभ करे, अर्थात् वह उनके संबंध में अपने दासत्व वा "मोह" विषयक नाना बंधनों को काटने वाले **विराग वा विकर्षण भाव के लाभ करने के योग्य बने, क्योंकि उन बंधनों के संबंध में यथेष्ट विकर्षण वा विराग भाव के उत्पन्न होने पर ही कोई मनुष्य उनसे मोक्ष पा सकता है, उसके बिना कदापि नहीं।** इसलिए इस महान् **विराग भाव** को प्राप्त होकर एक जन गृहस्थी होकर भी वैरागी हो सकता है, और उससे शून्य रहकर घर बार छोड़कर और दंड कमंडल लेकर और गेरुवे वस्त्र पहन कर और सन्यासी वा साधु नाम रखकर भी कोई जन सच्चा वैरागी नहीं हो सकता, और वह विविध रूप से विषयासक्त ही रहता है।

इस दासत्व वा मोह के भिन्न किसी जन की ओर से अपने प्रति किसी मिथ्या कलंक के लगाने, अशिष्ट बर्ताव के करने वा किसी संबंधी के विश्वास घाती वा कृतघ्न आदि बन जाने, धनादि के

अभाव से किसी वस्तु के न मिलने आदि से जो अन्य विविध प्रकार के कष्ट मनुष्य को मिलते हैं, उन्हें साधक **माया** का खेल समझ कर **उपेक्षा** करने का अभ्यास करे, और किसी की ओर से किसी शुश्रूषा सेवा वा प्रशंसा आदि मूलक किसी सुख का आकांक्षी न बने, और इस प्रकार के **सब दुखों और सुखों को बराबर** समझने की चेष्टा करे। और उन्हें असार क्षण भंगुर वा ईश्वर की इच्छा जान कर उन से अपने हृदय को **उपराम** करने का अभ्यास करे। इसी प्रकार के वैराग्य भाव से परिचालित होकर उन्होंने अपनी आखरी चिट्ठी में मुझे यह लिखा था:-

"हे ब्रह्म दास ब्रह्म में लीन होना चाहिए। त्याग नाम घर और बच्चों और पत्नी आदि के छोड़ देने का नहीं है, किंतु त्याग नाम माया का है।"

"भाई जान प्रभु की इच्छा में प्रसन्न रहना और कभी शिकायत न करना।"

"अपना काम दम मारने का नहीं है। हर समय उसकी (ईश्वर की) इच्छा में राज़ी रहना मुनासिब है। यदि ऐसा न हो, तो अधैर्य से दुख और विषाद के भिन्न और क्या मिल सकता है?"

"अपनी "मैं" को मार कर उसी की इच्छा के साथ एक हो जाना मुख्य साधन है।"

मेरे गुरु की इस शिक्षा में जहां तक उपरोक्त "दासत्व" वा "मोह" के बंधनों से **मोक्ष** पाने की आवश्यकता की शिक्षा का संबंध है, वह निश्चय **ठीक** थी; परंतु अन्य कई प्रकार के दुखों और सुखों को बराबर समझने और कई प्रकार के दुखों के विषय में कोई शिकायत और उनके दूर करने के निमित्त कोई यत्न वा चेष्टा न करने और उन्हें प्रभु वा परमेश्वर की इच्छा जानकर उनके केवल सहने का अभ्यास करने की जो शिक्षा थी, वह **ठीक न थी।** इसी प्रकार "ब्रह्म" वा "ईश्वर" नामक किसी अस्तित्व वा उसमें लीन हो जाने के संबंध में भी उनका विश्वास सत्य न था। और यद्यपि मैं अपनी उस काल की मानसिक और हार्दिक योग्यता के अनुसार उनकी इसी शिक्षा वा उनके बताए हुए इसी लक्ष्य को ग्रहण कर सकता था, और इसीलिए उस समय मैंने उसे ग्रहण किया, तथापि उसके ग्रहण करने से जहां तक मेरे **वैराग्य भाव** का संबंध था, उस में मुझे **पुष्टि** और उसकी **उन्नति** में मुझे बहुत बड़ी सहायता मिली कि जो **उन्नति मेरे आत्मिक विकास के लिए अत्यंत आवश्यक** थी, कि जिस आवश्यकता को नेचर ने मुझे रुड़की में पहुंचाकर और उनके साथ सात्विक संबंध से जोड़ कर पूरा किया। क्योंकि, इस **वैराग्य भाव के यथेष्ट रूप से उन्नत होने के बिना** यह पूर्णतः संभव था, कि मैं अपनी युवा अवस्था में युवा काल संबंधी एक वा दूसरी प्रवृत्ति के सिर निकालने और धन और पद आदि के मिलने पर किसी एक वा दूसरे प्रकार के प्रलोभन में पड़कर अपने उच्च विकास संबंधी पथ से भ्रष्ट हो जाता। इसीलिए मुझ में वासना-मूलक नाना प्रलोभनों से सदा ऊपर रहने के लिए **वैराग्य**

विषयक जितने प्रबल भाव की बहुत बड़ी आवश्यकता थी, उसकी उन्नति का नेचर के द्वारा ही सारा प्रबंध हो गया। युवा अवस्था के आरंभ में ही मेरे गुरु का यह अमूल्य दान मेरे लिए जिस प्रकार नितांत आवश्यक था, उसी प्रकार वह मुझे नाना पतनकारी प्रलोभनों से सुरक्षित रखने और मेरे भावी देव जीवन के विकास के लिए अत्यंत कल्याणकारी प्रमाणित हुआ।

इस वैराग्य भाव में उन्नत होकर जब मेरा आत्मा क्या अपनी पत्नी, क्या संतान, क्या धन संपत्ति, क्या मान, क्या यश, क्या प्रशंसा, क्या बड़ाई, क्या पद, क्या प्रभुत्व, क्या सुस्वादु खान-पान, क्या काम प्रवृत्ति और क्या अन्य शरीर संबंधी सुखों वा विषयों की **अनुरक्ति वा आसक्ति** से ऊपर हो गया, और उनमें से किसी के प्राप्त होने पर जो कुछ और जहां तक मेरे आत्मा और उसके साथी और यंत्र स्वरूप भौतिक शरीर के लिए अहितकर हो, उसके लिए मुझ में **विकर्षण भाव** उत्पन्न हो गया, और ब्रह्मज्ञान और ब्रह्मानंद लाभ करना मेरा मुख्य लक्ष्य बन गया; तब इस मुख्य लक्ष्य के संबंध में मुझे सब प्रकार के विचार वा पाठ वा उच्च चिंता वा ध्यानादि के लिए जिस प्रकार के मोह रहित अनुकूल हृदय की आवश्यकता थी, उस प्रकार का अनुकूल हृदय मुझे प्राप्त हो गया।

उपरोक्त सब प्रकार की वासनाओं के अधिकार से रहित और ईर्षा द्वेष आदि उत्तेजनाओं से शून्य हृदय को प्राप्त होकर, मुझ में आत्मा के संबंध में पाठ, विचार, बातचीत और एक वा दूसरे प्रकार का ध्यान वा जप आदि साधन इतना प्रिय और रसदायक हो गया, कि फिर उससे बढ़कर और कुछ प्रिय वा रसदायक न रहा। यह निम्न प्रकार का **आत्म बोध** था कि जो मुझ में उस समय जाग्रत हुआ।

इस बोध के जाग्रत हो जाने पर मैं अलखधारी की तरजुमा की हुई उपरोक्त उर्दू गीता और उन्हीं की ओर से प्रकाशित योग वाशिष्ठ और अन्य वेदांत की पुस्तकों का बहुत अनुराग पूर्वक पाठ करता था। फिर उन्हीं दिनों में उन्होंने एक मासिक उर्दू पत्र निकालना आरंभ किया था, उसका भी मैं खरीदार बनकर उसे बड़े प्रेम से पढ़ा करता था, और अपने गुरु का ध्यान करके उनके साथ आत्मिक योग के द्वारा सात्विक रस लाभ करता था। मैं अपनी धर्म पत्नी को उपरोक्त प्रकार की पुस्तकें सुनाया करता था, और इस हित भाव से परिचालित होकर कि वह अपने आप उनका पाठ करने के योग्य बन जाएं, उन्हें उर्दू पढ़ाता था, और ब्रह्म के संबंध में मेरे गुरु ने मुझे जो मंत्र बताया था, उस का खाली समय में अकसर जप किया करता था, और अपनी धर्म पत्नी के साथ आत्मिक योग के द्वारा उच्च रस की प्राप्ति के भिन्न आत्मा के संबंध में विविध प्रकार की बातचीत किया करता था, और यह बातचीत हम दोनों को ही बहुत हृदयग्राही अनुभव होती थी, और हम दोनों एक दूसरे के साथ शरीर से ऊपर आत्मिक अनुराग मूलक सात्विक संबंध के रस को आस्वादन करते थे।

शारीरिक भरण पोषण आदि के लिए नौकरी के द्वारा मुझे धन उपार्जन करने की जितनी देर काम करने की आवश्यकता होती थी, उसमें कई बार उस नौकरी के समय में भी अवसर पाकर और उसके भिन्न और समयों में मुझे जितना अवकाश मिलता था, उसमें मैं इसी प्रकार के साधनों में रत रहता था। मुझे अपने गुरु और अपनी पत्नी के भिन्न वहां अपने चारों ओर कोई ऐसा जन दिखाई नहीं देता था, कि जो सांसारिक विषयों से ऊपर आत्म-ज्ञान वा आत्म-संबंधी किसी सात्विक रस का आकांक्षी हो। इसीलिए इस आकांक्षा से विहीन और विषयासक्त लोगों के प्रति मेरे हृदय में कोई आकर्षण न था। और किसी आवश्यक कामकाज के भिन्न मुझे उन लोगों की संगत पसंद न थी, और जैसे शराब, अफ़ीम वा भंग आदि नशों का अनुरागी उन लोगों की ही संगत को अधिक पसंद करता है, कि जो उसकी न्याईं इन नशों के अनुरागी हों, और वह उनके पास बैठना और उनके साथ मिलकर एक वा दूसरे नशे का सेवन करना, उसकी प्रशंसा सुनना और सुनाना पसंद करता है, और जो उनका सेवन न करते हों, वा उन्हें बुरा समझते हों, उनसे अपनी इस प्रकार की तृप्ति न पाकर उनसे दूर रहना चाहता है; वैसा ही मेरा हाल था। मुझे किसी आवश्यकता के भिन्न ऐसे जनों से मिलना जुलना प्रिय न था, कि जो **आत्म बोधी** न हों, और जिनके साथ **आत्मा** के संबंध में मेरी कोई बातचीत न चल सकती हो, और उसके द्वारा कोई **सात्विक रस** न मिल सकता हो। जिस प्रकार किसी युवा पुरुष वा स्त्री में काम वासना की जाग्रति के हो जाने पर, वह काम वासना मूलक प्रेम की कहानियां पढ़ना वा सुनना, वा उसके संबंध में गीत आदि गाना वा सुनना वा बातचीत करना वा किसी विशेष स्त्री वा पुरुष का ध्यान वा चिंतन करना प्रिय बोध करता है, और ऐसे जनों की संगत में सुख और तृप्ति अनुभव करता है, और उसका लालसी रहता है, उसी प्रकार **आत्म बोधी** होकर मैं **आत्मा** के संबंध में बातचीत, पाठ और विचार और जप आदि साधनों और आत्मिक योग विषयक रस वा आनंद का लालसी बनकर आत्मबोध विहीन और विषयासक्त लोगों के लिए कोई आकर्षण वा उनके साथ अपना कोई **आत्मिक संबंध** अनुभव नहीं करता था; और इसलिए किसी आवश्यक कामकाज के भिन्न उनसे और कोई संबंध न रखता था, और इस प्रकार उनसे अलग थलग रहकर उनके बुरे प्रभावों से भी बचा रहता था।

वेदांत फिलासफी के अनुसार दुखों से अतिशय मोक्ष और अपने आत्मा को पाप पुण्य के विचार से निर्लेप और सब अस्तित्वों में वर्तमान और सत्य और नित्य पुरुष उपलब्ध करना मनुष्य का परम पुरुषार्थ समझा गया है। इसी का नाम परमार्थ और इसी का नाम निर्वाण पद है। इसी का नाम ब्रह्म में लीन होना वा ब्रह्म साक्षात्कार है। सांख्य दर्शन में कपिल मुनि की शिक्षा के अनुसार दो वस्तुएं सदा से थीं, और सदा रहती हैं, और उन्हीं दो के मेल से सब प्रकार के अजीवित और जीवित अस्तित्व प्रकट होते हैं। उनमें से एक का नाम उन्होंने "पुरुष" और दूसरी का नाम "प्रकृति" रखा है। "प्रकृति"

का ही दूसरा नाम माया भी है। आधुनिक साइंस वा विज्ञान विषयक सत्य ज्ञान का जिस प्राचीन काल में प्रचार नहीं हुआ था, उस काल में इस देश में कपिल आदि कई दर्शनकारों के लिए विश्व तत्व के उद्धाटन के निमित्त कल्पना और एक सीमा तक तर्क बुद्धि के परिचालन के भिन्न **परीक्षा-मूलक** सत्य की प्राप्ति के लिए कोई भाव न था। इसलिए यद्यपि उस काल में उन्होंने विश्व विषयक रहस्य के खोलने के संबंध में जो चेष्टा की थी, वह चेष्टा अवश्य बहुत प्रशंसनीय थी; परंतु उनकी और उन जैसे अन्य सब चिंताशील पुरुषों की यह चेष्टा उसी प्रकार की थी कि जिस प्रकार परीक्षा-मूलक रसायन (Chemistry) संबंधी सच्चे विज्ञान से पहले कितने ही जनों ने पारे को चांदी और तांबे को सोना बनाने की चेष्टा की थी, कि जो यद्यपि वह आप सत्य उद्धाटन न थी, और नहीं हो सकती थी, तथापि वह नेचर के विकासकारी नियम के अनुसार भावी सत्य के उद्धाटन में सहायक होने के लिए निश्चय आवश्यक थी।

इस समय के नाना चिंताशील विद्वानों की न्याई वेदांत फिलासफ़ी के प्रारंभिक काल के चिंताशील विद्वान भी केवल इतना बोध रखते थे, कि उन्हें और उन्हीं की न्याई और लाखों मनुष्यों को दुख की अवस्था प्रिय नहीं है, और सुख की अवस्था प्रिय है; इसलिए **मनुष्य दुख से स्वभावतः निवृत्ति वा मोक्ष और सुख की प्राप्ति चाहता है।** फिर मनुष्य को जो दुख वा कष्ट अनुभव होते हैं वह दो प्रकार के हैं:- (1) हार्दिक, (2) शारीरिक। हार्दिक दुख वह हैं कि जो किसी प्रिय संबंधी वा वस्तु के वियोग से मिलते हैं और इनके भिन्न किसी जन की ओर से अप्रशंसा करने वा मिथ्या कलंक लगाने वा गालियां देने वा किसी और प्रकार से अपमान वा तिरस्कार आदि से मिलते हैं। और शारीरिक कष्ट वह हैं कि जो किसी रोग के उत्पन्न होने वा सर्दी वा गर्मी के लगने, भूख प्यास के समय अन्न जल के न मिलने और किसी दंशक वा विषधर कीड़े वा अन्य पशु के काटने वा लात मारने वा किसी मनुष्य की ओर से मारने पीटने आदि से मिलते हैं।

इन दुखों में से वह दुख जो किसी संबंधी मनुष्य अर्थात् पति वा पत्नी, पुत्र वा पुत्री, भाई वा बहिन आदि में से किसी के वियोग वा धन संपत्ति आदि किसी प्रिय पदार्थ के चले जाने वा नष्ट हो जाने से मिलते हैं, वह इसलिए मिलते हैं, कि मनुष्य उनके साथ **मोह बंधन** में बंध जाता है। इसलिए यदि वह वैराग्य भाव को प्राप्त होकर उनके मोह विषयक बंधनों से मुक्त हो जाए, अर्थात् उनके साथ वह "मेरा" "मेरी" को लेकर जो संबंध रखता है, उस "मेरा" "मेरी" के भाव को नष्ट करके और किसी की ओर से अप्रशंसा वा निंदा वा गालियां वा किसी अन्य अपमान आदि मूलक क्रिया से जो हार्दिक कष्ट मिलता है, उसके **सहने** का अभ्यास करे और उसके रोकने के लिए कोई उपाय न करे; और गर्मी सर्दी वृष्टि झड़ आदि से जब कभी कष्ट मिले उसे भी सहने का अभ्यास करे, और बीमारी के आने पर

उसका इलाज करने पर भी यदि वह दूर न हो, तब उसे और इसी प्रकार किसी और अनिवार्य कष्ट को **ईश्वर की इच्छा जानकर** उसके सहने का अभ्यास करे; तो वह इन सब साधनों से एक ओर बहुत से कष्टों से मोक्ष वा उसके सहने की शक्ति लाभ कर सकता है, और मोह मूलक चिंता से अपने हृदय को धीरे धीरे मुक्त करके और उसे किसी कल्पित वा सत्य परंतु उच्च अस्तित्व की चिंता वा उसके ध्यान वा उसके जप साधन में प्रयोग करके ऐसी शांति वा उच्च रस वा आनंद लाभ कर सकता है, कि जिस के चले जाने वा नष्ट हो जाने की उसे कोई आशंका नहीं हो सकती।

इस के भिन्न ऐसा साधक यदि अपने नाना कामों को इस प्रकार से करने का अभ्यास करे, कि उनमें से किसी काम के संबंध में उसके भले वा बुरे फल की प्राप्ति की आकांक्षा वा आशा न रखे, तो उसे अपने भले वा बुरे कर्मों के फल भोगने के लिए उसे जो इस पृथ्वी में फिर किसी मनुष्य वा पशु वा वृक्ष आदि के रूप में जन्म लेना पड़ता है और कई प्रकार का फिर कष्ट सहना पड़ता है, उस पुनर्जन्म के कष्टों से भी वह मुक्त हो जाता है।

यह वह वेदांत फिलासफी है, कि जिस का अल्पाधिक एक वा दूसरे रूप में इस देश के भिन्न और कई देशों में भी प्रचार हुआ है। और इस देश में हिंदुओं के भिन्न मुसलमानों में भी इसका प्रभाव पड़ा है और उनमें से जो इस फिलासफी को मानते हैं, वह सूफी कहलाते हैं। यह कुल फिलासफी इस मूल तत्व को लेकर सोची गई है, कि जबकि मनुष्य अपने स्वभाव से ही **सुख के लिए आकर्षण वा अनुराग** और उसके विरुद्ध **दुख के लिए विकर्षण वा विराग भाव** रखता है, इसीलिए जहां तक संभव हो **दुखों से मोक्ष पाना** और **सुख लाभ करना** मनुष्य का उद्देश्य होना चाहिए। फिर मनुष्य को जिस जिस प्रकार के **हार्दिक दुख** मिलते हैं, उनमें से **मोह मूलक दुख वैराग्य भाव** की उत्पत्ति से दूर हो सकते हैं; और शेष जो पूर्णतः दूर नहीं हो सकते, उनके सहने का अभ्यास करने से उनकी अनुभूति अल्पाधिक सीमा तक अवश्य घटाई जा सकती है। और यदि वासनिक विषयों से ऊपर आत्मबोधी हो जाने पर मनुष्य किसी सत्य वा कल्पित उच्च अस्तित्व का ध्यान करके और आत्मा के संबंध में किसी प्रकार का पाठ, विचार वा गान करके वा किसी चर्चा में प्रवृत्त रहे, तो वह सात्विक सुख भी पा सकता है; और इस विधि से वह अपने उपरोक्त उद्देश्य को सिद्ध कर सकता है।

इस फिलासफी की शिक्षा में जहां तक **मोह के बंधनों से मोक्ष** और उसके लिए **वैराग्य भाव की उत्पत्ति** की आवश्यकता का संबंध है, वहां तक वह निस्संदेह ठीक है, परंतु आत्मा के

1) सुख वा आनंद विषयक लक्ष्य,

2) आत्मा के अजन्मा, अमर, और पाप पुण्य विषयक कर्मों के विकारों से निर्लेप मानने की जितनी शिक्षा है, वह सर्वथा मिथ्या है।

इसके भिन्न इस में मनुष्य के संबंध में मरने के अनंतर अपने भले वा बुरे कर्मों के फलों के भोगने के लिए इस पृथ्वी में फिर किसी मनुष्य वा पशु वा वृक्ष वा जल वा पत्थर आदि का रूप ग्रहण करके पुनर्जन्म लेने की जो शिक्षा है, वह भी पूर्णतः मिथ्या है। फिर किसी मनुष्य के वेदांती बन जाने पर उसे अपने भले और बुरे कर्मों के फलों से मोक्ष पाने के लिए जो यह विधि बताई गई है, कि यदि कोई मनुष्य अपने कर्मों के फलों की कोई आकांक्षा न करे, तो फिर उनका फल उसे न मिलेगा, वह भी पूर्णतः मिथ्या है। क्योंकि हमारे किसी भी कर्म का चाहे वह भला हो वा बुरा फलीभूत होना हमारे अपने मन मन में उसके चाहने वा न चाहने पर निर्भर नहीं करता, किंतु नेचर के अटल नियम के अनुसार हमारे प्रत्येक कर्म का फल **अनिवार्य** है, यथा हम रोटी खाकर चाहे सौ बार भी अपने मन मन में यह चाहें कि उसके द्वारा हमारे शरीर में कुछ भी खून न बने, वा हमारे शरीर के किसी अंग में कोई परिवर्तन न आवे, तो भी उससे हमारे शरीर की कार्य प्रणाली के अनुसार खून बनेगा और वह हमारे शरीर के अंगों में पहुंचकर उनमें परिवर्तन लाकर अपना फल उत्पन्न करेगा; इसी प्रकार यदि हम संखिया खायें और अपने मन मन में यह आकांक्षा करें, कि उसका विष हमारे शरीर में अपना कोई फल उत्पन्न न करे, तो भी वह हमारे शरीर में प्रवेश करने के अनंतर अपने विष का फल उत्पन्न करेगा। और किसी देश और किसी जाति का कोई मनुष्य नेचर के इस अटल नियम के विरुद्ध जाकर मन मन में अपने कर्मों का फल न चाह कर उनके फलों से बच नहीं सकता, और इसीलिए इस कल्पित विधि के द्वारा अपने आप कर्मों के फलों से भी वह कभी मोक्ष लाभ नहीं कर सकता; और न उपरोक्त कल्पना के द्वारा अपने किसी भले कर्म के फल की प्राप्ति से ही अपने आप को बचा सकता है। इसलिए इस तत्व के विचार से भी वेदांत की मन मन में फल त्याग संबंधी शिक्षा पूर्णतः मिथ्या है।

नेचर ही, एकमात्र **सत्य** है, वह पहले भी सदा सत्य थी, अब भी **सत्य** है और आगे भी सदा **सत्य** रहेगी। इस सत्य नेचर के विषय में (जिस में मनुष्य का सारा अस्तित्व भी संयुक्त है) सत्य ज्ञान लाभ करने की वर्तमान **विज्ञान संगत** विधि को छोड़कर कि जिस के अनुसार जो कोई बात परीक्षा की कसौटी पर परखी जा सकती हो, वह बात **परीक्षा** के द्वारा **ठीक प्रमाणित होने पर** ही ठीक वा सत्य मानी जानी चाहिए, और कोई फिलासफी ठीक नहीं हो सकती। और इस विज्ञान सम्मत विधि को छोड़कर जितने प्रकार की कोई और फ़िलॉसफ़ी है, वह सब रद्दी है। और वह किसी भी सच्चे वैज्ञानिक की दृष्टि में कभी भी ग्रहण करने के योग्य नहीं हो सकती।

मैं जिस काल में अपने उपरोक्त गुरु का शिष्य बना था, उस काल में इस वेदांत फ़िलॉसफ़ी के मिथ्या तत्व के देखने के लिए मुझ में जहां तक उन्नत मानसिक शक्तियों की आवश्यकता थी, वहां तक वह विकसित नहीं हुई थीं, इसलिए उस काल में मैंने उसे ग्रहण किया था; परंतु उसके अनंतर अपने देव जीवन के विकास के द्वारा उसके मिथ्यापन के देखने के योग्य हो जाने पर, मैंने उसे सर्वथा त्याग दिया था। परंतु अपने गुरु के जीवन के दर्शन और उनकी संगत के उच्च प्रभावों से मुझ में जिस **वैराग्य भाव की उन्नति हुई**, और आत्मा के विषय में जो थोड़ा सा बोध जाग्रत हुआ, वह अत्यंत मूल्यवान लाभ था और उसकी मुझे उस काल में अपने देव जीवन के विकास के पथ में **नितांत आवश्यकता** थी, कि जो नेचर की अपनी कार्य प्रणाली के द्वारा पूरी हुई। और यदि मेरे इस विकास के पथ में मुझे उस काल में उनकी यह अत्यंत आवश्यक और हितकर सहाय न मिलती और मेरा **वैराग्य भाव यथेष्ट रूप से उन्नति लाभ न कर सकता**, तो मेरे आत्मा के लिए बहुत बड़ी हानि की आशंका हो सकती थी। इसलिए क्या उस सात्विक आकर्षण के विचार से कि जो मेरे हृदय में उनके प्रति उत्पन्न हुआ था और क्या उनके इस अति मूल्यवान उपकार के लिए कृतज्ञ भाव अनुभव करने के विचार से मैं उनके साथ जिस आत्मिक उच्च संबंध सूत्र से जुड़ा था, वह उच्च, पवित्र, सुंदर और हितकर संबंध जैसे अब तक मेरे आत्मा को उनके साथ बांधे हुए है, और इस संबंध के कारण मैं प्रतिदिन अपने निज के साधन में उन्हें स्मरण करके उनके लिए मंगल कामना करता हूं, वैसे ही आगे के लिए भी मैं उनके द्वारा उनके साथ बंधे रहने की आशा करता हूं।

"अहं" वा "मैं" का त्याग। वेदांत की फ़िलॉसफ़ी के अनुसार मेरे गुरु जी ने "अहं" वा "मैं" के त्याग के संबंध में मुझे जो शिक्षा दी थी, वह भी दुख की निवृत्ति वा सुख की प्राप्ति के उद्देश्य को लेकर थी। इस विषय में उनका जो उपदेश था, वह प्रायः उन्हीं के शब्दों में इस प्रकार का थाः-

"अपने आप को मिट्टी कर देना चाहिए, और यह न सोचना चाहिए कि मेरे पास यह चीज़ हो तो खूब हो, और मेरी यह बीमारी चली जाए तो बेहतर हो, हमेशा ईश्वर की इच्छा में प्रसन्न रहना चाहिए।"

"अपनी "मैं" को मार उसी की (ईश्वर की) इच्छा के साथ एक हो जाना मुख्य साधन है।"

"यदि तुम्हें कोई बुरा कहे या गाली दे, तो तुम सुन लो, और जब उसका ऐसा करना तुम्हें कष्टदायक मालूम हो, तब उसे कहो कि ईश्वर तुम्हारा भला करे।"

अर्थात् तुम्हें जो कुछ और जहां कहीं किसी मनुष्य वा किसी और के द्वारा कोई कष्ट मिले, वा हानि पहुंचे, उससे **अपने बचाव के लिए तुम साधारणतः कोई चेष्टा वा यत्न मत करो** और इस प्रकार

के प्रत्येक कष्ट और ऐसी प्रत्येक हानि को "ईश्वर" नामक किसी पुरुष की "इच्छा" समझकर उसे न केवल चुपचाप किंतु "प्रसन्नता" के साथ सहने का अभ्यास करो, और यदि तुम्हारी "मैं" ऐसा करने वा मानने में रोक बनती हो, तो उसके **मारने** का अभ्यास करो; यहां तक कि अपनी इस "मैं" वा अपने इस "अहं" भाव को मारते मारते अपने आप को मिट्टी कर दो, अर्थात् **उसे जड़ के अबोधी रूप में पहुंचा दो।** मेरे गुरु की यह शिक्षा भी सत्य न थी। परंतु उनकी इस शिक्षा से मेरे "अहं" में किसी विचार के योग्य कोई अंतर नहीं आया, और न मुझे कभी यह मालूम हुआ कि उस "ईश्वर" नामक पुरुष की ऐसी इच्छाएं कौन कौन सी और कितनी हैं, कि जिनका किसी मनुष्य के लिए विश्व के विविध अस्तित्वों के संबंध में पूरा करना आवश्यक है, और न यही कभी मालूम हुआ, कि इस "ईश्वर" नामक पुरुष की इच्छाएं क्योंकर जानी जा सकती हैं, और यह क्योंकर पता लग सकता है कि अमुक इच्छा "ईश्वर" की ही है, और उसके भिन्न किसी और की नहीं?

फिर भी मेरे हृदय में अपने गुरु के प्रति गाढ़ आकर्षण और श्रद्धा के जाग्रत हो जाने से मैं इस आत्मिक अवस्था में पहुंच चुका था, कि वह आप जिस किसी सुखदायक परंतु **वास्तव** में बुरी क्रिया से बचे हुए थे, उस बुरी क्रिया को मैं भी उनकी न्याई **बुरे और घृणित रूप में अनुभव करने लगा**, और वह अपने हृदय में जो जो वास्तविक उच्च भाव रखते थे, उनके द्वारा मेरे हृदय में उसी उसी प्रकार के उच्च भावों की जाग्रति हुई वा उनको पुष्टि **मिली। यथाः-**

1) वह किसी सांसारिक लाभ की प्राप्ति वा किसी सांसारिक हानि से बचने के निमित्त **झूठ बोलना** घृणित बोध करते थे, उनके द्वारा यह घृणा भाव मेरे हृदय में भी जाग्रत हो गया।

2) वह **व्यभिचार** के संबंध में बहुत बड़ी घृणा रखते थे, उनके द्वारा मेरे हृदय में भी उसके लिए बहुत घृणा उत्पन्न हो गई।

3) वह अपने हृदय में धन संपत्ति के उपार्जन करने के संबंध में **बददयानती** के लिए बहुत बड़ी घृणा रखते थे, उनके द्वारा यह घृणा मेरे हृदय में भी बहुत शीघ्र जाग्रत हो गई।

4) उनमें औरों के संबंध में अपनी **सत् प्रतिज्ञा** के पालन का भाव वर्तमान था, उससे मेरे हृदय में भी इस भाव की जाग्रति हो गई।

5) उन में **दया** विषयक भाव वर्तमान था, उससे मेरे दया भाव को पुष्टि मिली।

6) उनमें **कर्तव्य** विषयक भाव वर्तमान था, उससे मेरे कर्तव्य भाव को पुष्टि मिली।

7) उनमें **सहानुभूति** का भाव वर्तमान था, और वह किसी के किसी किसी अभाव के संबंध में इस भाव से परिचालित होकर उस की एक वा दूसरे प्रकार की सहाय करते थे, उससे मेरे भी इस भाव को पुष्टि मिली।

8) उनमें **बाध्यता** विषयक भाव वर्तमान था, उस के द्वारा मेरे भी इसी प्रकार के भाव को पुष्टि मिली।

9) उनमें अपने उपकारियों के प्रति **कृतज्ञ भाव** वर्तमान था, उनके इस भाव से मेरे कृतज्ञ भाव को भी पुष्टि मिली।

10) उनमें पाठ, विचार, जप और प्रार्थना आदि विषयक अपने **एकांत दैनिक साधनों** के पूरा करने का प्रबल भाव वर्तमान था, उससे मेरे अपने इसी प्रकार के साधन विषयक भाव को पुष्टि मिली।

और मुझ में इन सारे भावों की जाग्रति वा पुष्टि के लाभ करने में जैसे उनके प्रति मेरा **अडोल अनुराग और श्रद्धा भाव** सहायक बना, वैसे ही यह कुल लाभ मेरे आत्मिक विकास के लिए बहुत आवश्यक प्रमाणित हुआ। यदि उनके प्रति मेरे हृदय में इस **अडोल अनुराग और श्रद्धा भाव** की उत्पत्ति न हुई होती, तो मैं उनसे इस प्रकार का कोई अमूल्य लाभ नहीं पा सकता था; क्योंकि उसका पाना नेचर के अटल नियम के विरुद्ध था।

मेरे गुरु के दैनिक आचार और साधन के संबंध में कुछ उपदेश

मेरे गुरु ने मुझे और मेरी पत्नी को अपना शिष्य बनाने से पहले हमें अपने दैनिक आचारों और साधनों के विषय में जो कई नियम लिखकर दिए थे, वह इस प्रकार के थे:-

1) ब्रह्म के संबंध में

अपने आप को सब में वर्तमान देखना और यह समझना कि हमारे शरीर अलग अलग हैं, परंतु हम सब में एक ही ब्रह्म है।

2) गुरु के संबंध में

अपने सत्गुरु पर विश्वास रखना और कोई काम उनकी (शुभ) आज्ञा के विरुद्ध न करना।

3) माता पिता के संबंध में

अपने माता पिता को पूजनीय जानकर उनकी सब प्रकार से सेवा करना।

4) औरों के संबंध में

झूठ कभी न बोलना, चाहे उस से कैसी ही तकलीफ और कैसा ही नुक़सान नज़र आवे।

फालतू बातें, जिन से कुछ फायदा न हो, कभी किसी से न करना, और जिससे जो बातचीत करनी हो, वह नेक करना। आप किसी की निंदा न करना, और अपने कानों से भी किसी की निंदा न सुनना; अगर तुम्हारे पास कोई किसी की निंदा करना चाहता हो, तो उसे रोक कर यह कहना चाहिए, कि तुम परमेश्वर के विषय में कोई ज़िकर करो।

5) किसी और से बुराई मिलने पर उसे सहने का अभ्यास करना

अगर तुम्हें कोई बुरा कहे वा गाली दे, तो चुपचाप सुन लेना, और उसका बुरा न चाहना, किंतु भला चाहना; और जब नागवार गुज़रे, तो उसे यह कहना, कि ईश्वर तुम्हारा भला करे।

6) अपने निज के संबंध में

दुनिया में अपने आप को सब से बुरा और अपने से सब को अच्छा समझना। कभी रंज मत करना, जब रंज पैदा हो, तब उसे बुरा समझना, और उसकी तरफ से दिल को रोकना।

मौत को हर समय याद रखना, और यह शब्द अकसर स्मरण करते रहना:- "देह मिथ्या है, ब्रह्म सत्य है, जो कुछ दिखाई देता है सब अनित्य है।" अपनी "मैं" को मारकर अपने आपको मिट्टी कर देने का अभ्यास करना और यह कभी न सोचना, कि मेरे पास यह चीज़ हो, तो खूब हो, और मेरी यह बीमारी चली जाए तो अच्छा हो; किंतु हर घटना को ईश्वर की इच्छा समझ कर उसमें खुश रहने की कोशिश करना।

इन नियमों के भिन्न मेरे गुरु ने मेरे शिष्य हो जाने के कुछ दिन बाद मुझे मुंशी कन्हैया लाल अलखधारी की उर्दू में तरजुमा की हुई जो गीता की किताब उपहार में दी थी, और जो अब तक मेरे पास है, और मेरी यादगार की चीज़ों में रखी हुई है, उसकी जिल्द के पास के एक सफेद सफ़े और उसके सरवरक पर भी उन्होंने अपनी कलम से कुछ गद्य लिख देने के भिन्न कुछ पंक्तियां पद्य में भी उर्दू में ही लिख दी थीं, उन्हें भी मैं नीचे लिखता हूं:-

"दुनिया दूनी को जो कि फ़ानी समझे,
और क़िस्सये उमर की कहानी समझे;
दरयाय हक़ीक़त को वही जाए पैर,
जो मिस्ल हुबाब ज़िन्दगानी समझे।"

"ऐ बस्त बजुर्गतर कशीदन खुदरा,
बज़ जुमलए ख़ल्क बरगुज़ीदन खुदरा;
अज़ मर्म-ए दीदा बबायद आमोख्त,
दीदन हमा कस रा व न दीदन खुदरा।"

भावार्थ:- (अपनी तरफ से) क्या अपने बड़ों और क्या और सब से घमंड के वशीभूत होकर परे परे रहना ऐब में दाखिल है। मनुष्य को आंख की पुतली से शिक्षा लेनी चाहिए कि वह औरों को तो देखती है, पर अपने आप को नहीं देखती।

"आया जो वजूद में, सो मादूम हुआ,
वेफहमी थी सब, जो कुछ कि मफहूम हुआ;
समझे इतना कि कुछ न समझे अफसोस,
मालूम हुआ कि कुछ न मालूम हुआ।"

"दुनिया की फिक्र दिल में अगर सौ लगी रहे,
आसिफ यह शर्त है कि उधर लौ लगी रहे;
मिलने न मिलने के तो वह मुख्तार आप हैं,
पर हम को चाहिए कि तको दौ लगी रहे।"

"बहोश बाश कि आलम रवा रवी पर है,
कज़ा लगाए हुए घातू हर किसी पर है।"

"भाई साहब यह बात याद रखने के काबिल है, कि दुनिया मिसल ख़्वाब है, तालिब इसका हमेशा ख़राब है, मगर फिर भी इस को हकीकत की सीढ़ी समझ कर जब उस पर चढ़ने का इरादा करे, तब पहले अपने दिल को खाकसारी का लिबास पहना ले; क्योंकि बिदून फिरोतनी की सीढ़ी के उस आली मकान पर पहुंचना मुहाल है।"

"देखा तो खाकसारी ही आली मुकाम है,

ज्यों ज्यों बलन्द हम हुए पस्ती नज़र पड़ी।"

"खाकसार शिवदयाल सिंह।

10 अगस्त 1871 ई०"

मेरे गुरु की बीमारी और मृत्यु

(जुलाई सन् 1872 ई० में) रुड़की में पहुंचते ही मैं अपने गुरु महाराज के चरणों में उपस्थित हुआ। वहां जाकर क्या देखता हूं, कि वह सख्त बीमार हैं, उन्हें ज़ोर का बुखार चढ़ा हुआ है, और वह चारपाई पर लेटे हुए हैं। मुझे देखते ही उनका हृदय उछल पड़ा। उनके भीतर एक नया उत्साह आ गया। वह स्नेह से भरकर खड़े हो गए। मैंने उनके चरणों को स्पर्श किया। उन्होंने मुझे गले से लगाया और फिर उनके मकान के समीप ही जो मकान मैंने अपने रहने के लिए लिया था, वहां तक वह मेरे बहुत कुछ मना करने पर भी मेरे साथ साथ आए और वह यह कहते रहे, कि अब तुम आ गए हो, आशा है कि मेरी बीमारी भी चली जाएगी। कुछ मिनटों के बाद वह अपने घर को लौट गए।

उनकी बीमारी कम न हुई। तीन चार दिन के बाद अर्थात् 24 जुलाई सन् 1872 ई० को उन्हें अधरंग हो गया, और उनके शरीर का सारा दाहना भाग मारा गया। 27 तारीख को वह प्रायः 6 घंटे तक अचेतन रहे। कुछ दिन के बाद उनके शरीर के दूसरे भाग पर भी फालिज गिरा, और अब उनके शरीर का वह भाग भी रद्दी हो गया।

डाक्टर टामसन साहब जो रुड़की कॉलेज के प्रोफेसर होने के भिन्न महकमे मौसम के हैड अफसर भी थे, इनके सच्चरित्र पर बहुत श्रद्धा रखते थे। उनका बयान था, कि देशी जनों में उन्होंने ऐसा आदमी अपनी जिंदगी भर में कभी कहीं नहीं देखा, इसलिए वह इनके प्रति बहुत स्नेह रखते थे। और यद्यपि वह चिकित्सा का व्यवसाय न करते थे, तथापि वह इन पर श्रद्धा रखने के कारण, इनके अफ़सर होकर भी खुशी खुशी से इनके घर पर जाकर उन्हें देखा करते थे, और औषधियों की व्यवस्था करते थे। कुछ दिन के लिए हमने उनके निवास घर को भी बदल दिया, और उन्हें कॉलेज के समीप ही एक बारक में ले जाकर रखा; परंतु इस स्थान परिवर्तन से भी कुछ उपचार न हुआ, इसलिए उन्हें फिर घर वापिस ले आए। घर पहुंच कर उनकी हालत ज़्यादा नाज़ुक हो गई। एक दिन डाक्टर टामसन ने उनका चेहरा देखा और उनका हृदय भर आया। और उन्होंने अपनी डबडबाती हुई आंखों को रुमाल से पोंछ कर यह शब्द मुंह से निकाले "Poor Shiv Dayal Singh! He is dying now!!" अर्थात् "आह! बेचारे शिव दयाल सिंह, अब मृत्यु को प्राप्त हो रहे हैं!!" निदान उनकी मृत्यु का समय आ पहुंचा, और उन्होंने 36 वर्ष की उमर में अपना स्थूल शरीर छोड़ दिया। मुझे और मेरी पत्नी को उनकी मृत्यु से जो कितना दुख हुआ, उसका मैं कुछ वर्णन नहीं कर सकता।

मेरे गुरु के वृद्ध दादा भी उन पर बहुत श्रद्धा रखते थे। वह उनकी महिमा को कुछ न कुछ उपलब्ध करते थे, और इसलिए वह यह कहा करते थे, कि हमारे वंश में यह "वली" पैदा हुआ है। उन्होंने इसी श्रद्धा भाव से परिचालित होकर यह प्रण किया था, कि वह उनकी बीमारी में पाखाना साफ़ करने का काम किया करेंगे। मेरे गुरु मंजे पर लेटे लेटे पाट पर कई कई बार पाखाने होते थे, और उनके बूढ़े दादा बहुत खुशी खुशी उनके नीचे यह पाट रखते, और उनके मल स्थान को खुद ही पानी से साफ़ करते थे। बीमारी के दिनों में अभी जबकि वह अचेतन नहीं हुए थे, तब उन्होंने एक बार मेरी ओर देखकर कहा था, कि "तुम पर तो सिर मुंडाते ही ओले पड़े।" शोक! अत्यंत शोक !! कि ऐसा सुंदर और परोपकारी अस्तित्व इस कदर शीघ्र इस पृथ्वी से उठ गया!!!

परलोक से भी धर्मगत सम्बन्ध और उच्च गति दायक अनुराग

जुलाई सन् 1872 ई० में मेरे गुरु का देहान्त हुआ। उनके देहान्त के अनन्तर मुझे रुड़की में रहना दूभर हो गया। मैं वहां से फिर निकला और सन् 1873 ई० के अन्त में लाहौर चला आया। मैं उनसे जुदा हो गया। वह जिस स्थान में निवास करते थे, उस स्थान से भी जुदा हो गया; फिर भी हम परस्पर एक दूसरे से बंधे रहे। लाहौर पहुंचकर मेरा वेदान्तमत चला गया। कई एक स्तोत्र और मंत्र जो उन्होंने बतलाए थे, वह भी मुझे कुछ हितकर प्रमाणित न हुए, इसी लिए वह भी चले गए। इसी प्रकार उनके बतलाए हुए कई एक और साधन भी मैंने कल्पित और रद्दी समझकर छोड़ दिए। मैं एक और समाज में भी शामिल हो गया। मेरे साधन भजन आदि की सारी विधि बदल गई, परन्तु इस सब परिवर्तन के आने पर भी हमारा परस्पर का सम्बन्ध न टूटा किन्तु वैसा हि बना रहा।

मेरी पत्नी का 25 दिसम्बर सन् 1880 ई० को देहान्त हो गया। हमें अपने गुरु के परलोक सम्बन्धी जीवन के विषय में कुछ पता न था, परन्तु वह हमारा बराबर पता रखते थे। जब मेरी पत्नी ने अपना स्थूल शरीर छोड़कर सूक्ष्म शरीर ग्रहण किया, तो मेरे गुरु ने उन्हें आकर संभाल लिया, और उस असहाय अवस्था में उन्हें सब प्रकार की उचित सहाय दी। वह उनके नेता और रक्षक बने। उनके नेतृत्व और उनकी रक्षा में रहकर मेरी पत्नी का बहुत बड़ा कल्याण हुआ। वह तब से दिनों दिन उच्चगति और उच्च लोकों को प्राप्त होती गई, और अब एक ऐसे उच्च लोक में हैं, कि जो मेरे गुरु के लोक से केवल एक लोक नीचे है। मेरे बच्चों के साथ भी उन्होंने इसी प्रकार सम्बन्ध अनुभव किया। मेरे प्रत्येक बच्चे के शरीर त्याग करने और परलोक वासी होने पर उसकी सब प्रकार से आवश्यक सहाय की। एक, दो, चार, नहीं, किन्तु मेरे सात बच्चों को उन्होंने संभाला और सब प्रकार से उन का हित साधन किया। इनमें से मेरे छै बच्चे इन पंक्तियों के लिखने के समय तक अपनी बड़ी माता के लोक में विराजमान हैं। केवल एक बच्चा है, जो कुछ पीछे है। और जो एक विशेष कारण से पीछे रह गया। परन्तु अब उसकी गति भी बहुत बढ़ चढ़ कर ऊपर की ओर है। मेरी सन्तान के भिन्न मेरी परलोकवासी दूसरी पत्नी और मेरे माता पिता, दादा और दादी आदि कितने हि और सम्बन्धियों का उन्होंने जो कुछ हित साधन किया है, और उनकी अवस्था के अनुसार उनके भीतर धर्म आकांक्षा के बढ़ाने और धर्म जीवन के उत्पन्न करने में उन्होंने जो कुछ और जिस प्रकार लगातार यत्न किया है,

उसका वर्णन नहीं हो सकता। धन्य उन का महान् और उच्चजीवन ! धन्य उनका पर हित साधन !! धन्य उनका असाधारण हित भाव !!!

देवधर्म की घोषणा के अनन्तर देव- समाज के तीसरे वार्षिकोत्सव अर्थात सन् 1890 ई० से उनका अनुराग मेरे साथ विशेष कर बढ़ गया। वह मेरे जीवनव्रत की महानता को विशेष रूप से उपलब्ध करते थे। मेरी शिक्षा और मेरे कार्य की ओर विशेष प्रीति रखते थे। वह इस सब को निराला देखते थे और इसकी ओर बहुत श्रद्धा और अनुराग अनुभव करते थे। उनका यह अनुराग बढ़ता गया। उन्होंने अपनी अच्छी और प्रभाशाली समझ और उच्च हृदय के अनुसार मेरे जीवनव्रत की विशेषता और महानता को पहचान लिया। मेरी विज्ञान-मूलक और अद्वितीय धर्म शिक्षा के तत्वों को पहचान कर उन्हें ग्रहण कर लिया, और इस प्रकार देवधर्म का प्रचार हि उनके जीवन का भी कार्य हो गया। वह अब परलोक में देवधर्म का हि प्रचार करते हैं। और इस धर्म के अनुयाई सैंकड़ों आत्मा जो वहां वास करते हैं, अथवा यहां से शरीर छोड़ कर वहां जाते हैं, उन सब के प्रधान परिचालक और नेता हैं। वह वहां रहकर भी मेरे हैं, और मैं यहां रहकर भी उनका हूं। वह परलोक यज्ञ और व्रत के कई अवसरों पर हमारे पास पहुंचकर मेरी और मेरे पारिवारिक जनों की ओर से श्रद्धा और अनुराग सूचक विविध भावों आदि को ग्रहण करके हम सबों पर अपनी हृदय गत प्रसन्नता का प्रकाश करके अपना आशीर्वाद दे चुके हैं। कितनी हि वार एक २ दुर्घटना और विपद् और भयानक रोग और पीड़ा की अवस्था में वह हमारे कई प्रकार से सहायक बने हैं। उनका ऋण हम सब पर बहुत है। वह अपनी मंगल कामनाओं और अन्य कई उपायों के द्वारा मेरी सदा सहायता करते हैं। आहा ! मेरा और उनका सम्बन्ध कैसा अद्भुत ! कैसा सुन्दर !! जिस दिन से हमारा परस्पर यह आन्तरिक धर्मगत सम्बन्ध सूत्र स्थापन हुआ था, उसी दिन से लेकर आज तक हमारा यह सम्बन्ध कैसा उच्च और हितकर प्रमाणित हुआ है !! इस पृथिवी में ऐसा सम्बन्ध कैसा दुर्लभ !!! ऐसा हो, और सदा के लिए ऐसा हो, कि हमारा परस्पर का यह धर्मगत सम्बन्ध और उच्च गति दायक अनुराग दिनों दिन विकशत हो।

अनुरागी शिष्य बनने की आवश्यकता और विधि

I

शिष्य विषयक ज्ञान और अयोग्यताएं

मनुष्यात्मा अपने भीतर जिस जिस प्रकार के भाव रखता है, उन्हीं के अनुसार वह अपनी चिन्ता और अपने अन्य कार्य करता है। सर्वाङ्ग हितकर देव शक्तियों से विहीन प्रत्येक मनुष्य के लिए यह आवश्यक है, कि वह अपने नीच अनुरागों और अपनी नीच घृणाओं के द्वारा परिचालित होकर नाना प्रकार की नीच गतियां ग्रहण करे, और मोह, मिथ्या, पाप और अज्ञान आदि के द्वारा अपने आत्मा को नीच, रोगी और दुर्बल बनाए। इसीलिए जब तक किसी मनुष्य के आत्मा में किसी उच्च वा सात्विक भाव की उत्पत्ति नहीं होती; तब तक वह केवल यही नहीं, कि कोई हितोत्पादक गति ग्रहण करके उच्च नहीं बनता, किन्तु उसके विरुद्ध अपने एक वा दूसरे संबंध में पतनकारी भावों के द्वारा परिचालित होकर अपनी और औरों की बहुत बड़ी हानि और अपने आत्मा को पतित करता है। देव धर्म प्रवर्तक की इस सत्य शिक्षा विषयक देव ज्योति के बिना इस पृथ्वी के नाना संप्रदायों के लाखों और करोड़ों मनुष्य आत्मिक जीवन के विचार से अन्धकार में पड़े हुए हैं। और ऐसे जनों में से वह हज़ारों लोग जो विद्वान, पंडित, दिगम्बर, योगी, मौलवी, काज़ी, पादरी और फकीर आदि कहलाते हैं, जीवन संबंधी विनाश और विकास के तत्व ज्ञान से शून्य होकर अपने **मिथ्या विश्वासों** के द्वारा अपनी और अन्य अस्तित्वों की नाना प्रकार से हानि कर रहे हैं। परंतु देव धर्म प्रवर्तक की जिस महान् और सर्वोच्च देव ज्योति को पाकर कोई आत्मा अपनी किसी हानिकारक नीच गति को उस के हानिकारक और घृणित रूप में देख सकता है, और उनके देव तेज को पाकर उससे मोक्ष पाने का आकांक्षी बन सकता है, और धर्म विषयक किसी उच्च भाव के सौन्दर्य को देखकर उसके लाभ करने के लिए इच्छुक हो सकता है, वह दुर्लभ देव ज्योति और देव तेज अथवा उनके देव प्रभाव तभी किसी जन को लाभ हो सकते हैं, कि जब वह उनसे उनकी प्राप्ति का अभिलाषी और उनके पाने के योग्य हो। इसलिए तुम सब अपनी अपनी अवस्था पर विचार करो, और देखो, कि तुम अपने मूल-संबंधी भगवान देवात्मा के साथ अपने संबंध के विचार से किस अवस्था में हो क्या उनके साथ

तुम्हारा कोई आत्मिक उच्च संबंध स्थापन हुआ है? देव धर्म का सब से बड़ा और मुख्य उपदेश यही है, कि पहले तुम देव धर्म प्रवर्तक के साथ अपने संबंध को जीवन्त रूप से स्थापन करने की आवश्यकता को अनुभव करो, और उसके अभिलाषी बनो। ऐसी अभिलाषा के पूर्ण करने के लिए तुम्हें जिस जिस ज्ञान की आवश्यकता है, जिस जिस साधन की आवश्यकता है, उस उस के जानने, सीखने और पूरा करने के लिए कामना करो। क्योंकि किसी मनुष्य में ऐसी ही आकांक्षा और कामना के जागने पर उनके संबंध में शिष्य विषयक योग्यता लाभ करने की आशा हो सकती है।

इस योग्यता के लाभ करने में और बातों के भिन्न जो बड़े बड़े निकृष्ट भाव रोक बनते हैं, वह यह हैं:-

1) **घमंड भाव।**

   यह भाव जिस मनुष्यात्मा में जितना अधिक हो, वह उतना ही उसके विष से अधिक पागल होता है, और अपने पागलपन की मात्रा के अनुसार सत्य को मिथ्या और मिथ्या को सत्य के रूप में देखता है, और सत्य को छोड़कर मिथ्या को ग्रहण करता है। और अपने हृदय को विकृत करके अपने आपको उस देव ज्योति की प्राप्ति के अयोग्य बनाता है, कि जिसे पाकर ही वह अपने बुरे रूप वा अपने किसी पाप वा अपराध को प्रकृत रूप में देख सकता था। इस घमंड के वश होकर केवल यही नहीं, कि कोई मनुष्य अपने किसी पतनकारी पाप वा मोह वा अपराध आदि को घृणित रूप में देख नहीं सकता, किंतु उसके विरुद्ध अपने किसी दोष वा अपराध, वा पाप के विषय में कोई बात सुनते ही जल उठता है, और सत्य को असत्य और असत्य को सत्य के रूप में देखता है, अर्थात् जिसे कुछ देर पहले वह अपने से महान् देखता था, उसी को अपने इस महा निकृष्ट भाव से उत्तेजित होकर हीन और तुच्छ देखता है; जिस के साथ पहले कुछ निकटता सी अनुभव करता था, उसी से अब दूर हो जाता है; जिस को पहले अपना हितकारी अनुभव करता था, उसी को अपना अहितकारी अनुभव करने लगता है। और यदि इस घमंड के साथ साथ उसके भीतर द्वेष वा प्रतिशोध का महा विनाशकारी भाव भी यथेष्ट रूप से वर्तमान हो, तो उसके उत्तेजित हो जाने से वह अपने हितकर्ता को उलटा हानि पहुंचाने के लिए तैयार हो जाता है, और आराधना के स्थान में उसकी निन्दा करने में ही तृप्ति लाभ करता है।

2) **ईर्ष्या भाव।**

जिन मनुष्यों में यह महा हानिकारक भाव वर्तमान होता है, वह किसी जन के किसी ऐसे उच्च भाव वा ऐसे सद्गुण की प्रशंसा सुनकर जो उनमें न हो वा घटिया रूप में हो, जल उठते हैं; और उससे अपने हृदय में बहुत क्लेश अनुभव करते हैं; और कई बार उसके संबंध में बहुत बुरी कामनाएं करते हैं। यह अति निकृष्ट भाव जिस जन में जितना अधिक हो, उतना ही वह सत्य और हित विषयक विविध देव अनुरागों की महिमा के देखने और उनके प्रति श्रद्धावान् बनने के अयोग्य होता है। हां, इसके विष से पागल होकर वह एक वा दूसरे उच्च भाव धारी आत्मा के भी किसी उच्च रूप को या तो मूल से ही स्वीकार नहीं करता, अथवा इससे भी बढ़कर उसे उस के उलट रूप में प्रकट करता है।

3) प्रतिशोध भाव।

जिस जन में यह निकृष्ट भाव जितना अधिक होता है, उतना ही वह अपनी किसी वासना की तृप्ति में किसी और को रोक पाकर उसे यथा साध्य सब प्रकार की हानि पहुंचाने के लिए तैयार हो जाता है यहां तक कि किसी से बड़े बड़े उपकार पाकर भी उसकी अनुचित हानि करके अपने इस बुरे भाव को तृप्त करता है। और जिस जन में यह भाव बहुत प्रबल हो, वह न केवल उस जन को जिस के द्वारा उस की किसी वासना की तृप्ति में रोक पड़ी हो, किंतु उसके संबंधियों को भी हानि पहुंचाने के लिए चेष्टा करता है। और किसी किसी अवस्था में यहां तक भी कामना करता है, कि यथा संभव उस के वंशधर भी उसकी न्यायीं उस जन वा उसके संबंधियों से उसी प्रकार प्रतिशोध लेते रहें।

4) मिथ्या अनुराग भाव।

जिस जन में यह भाव जितना अधिक हो, उतना ही उसका हृदय सत्य की तुलना में मिथ्या के ग्रहण करने में बहुधा अधिक तृप्ति पाता है। ऐसा मनुष्य अपने किसी भी शुभ संबंध में भरोसे के योग्य नहीं हो सकता। वर्षों तक उसने जिस जन के किसी शुभ गुण की परीक्षा की हो, उसी के विरुद्ध किसी दिन किसी और से किसी झूठे कलंक को सुनकर झट उसे सत्य मान लेता है, और पहले जन से पूर्णतः कट जाता है, अथवा उस पर मिथ्या संदेह आरोपण करता है।

एक ओर जब तक इन महा अनिष्टकारी भावों के अधिकार से किसी जन में परित्राण पाने की आकांक्षा और दूसरी ओर उच्च जीवन गठनकारी अंगों के प्रति यथेष्ट श्रद्धा वा आकर्षण जाग्रत न हो,

तब तक वह धर्म के पूर्णाङ्ग अवतार भगवान देवात्मा के साथ कोई आत्मिक स्थाई और उच्च संबंध स्थापन नहीं कर सकता।

याद रखो कि सत्य धर्म कोई ऐसी वस्तु नहीं, कि जिस के देने वा पाने के संबंध में कोई नियम न हो। देव धर्म विज्ञान-मूलक धर्म है।

विज्ञान में **नियम का पूर्ण समादर है।** इसीलिए इस विज्ञान-मूलक सत्य धर्म की जो जन शिक्षा पाना चाहते हों, उन के लिए आवश्यक है, कि वह उसे अटकल पच्चू की वस्तु न समझें, किंतु उसे **नियम** के ज्ञान और उसके साधन के द्वारा ही लाभ करने की वस्तु जानें। जिस प्रकार वायु को तुम अपने शरीर के भीतर नियम के द्वारा ही ले जा सकते हो, और नियम के द्वारा ही उसे अपने लिए स्वास्थ्यकर, और विविध खाद्य पदार्थों को नियम के द्वारा ही अपने आहार के योग्य बना सकते हो, उसी प्रकार **नियम के द्वारा ही तुम देव-धर्म प्रवर्तक से उच्च ज्ञान और उच्च बोध-उत्पादक देव ज्योति और देव तेज लाभ कर सकते हो; इस के बिना कदापि नहीं।** इसीलिए देव धर्म के साथ साथ मूर्खता के दूर करने और विद्या और विज्ञान के लाभ करने की भी आवश्यकता है। ऐसा हो, कि तुम में से जो जन देव धर्म प्रवर्तक के साथ शिष्य विषयक सच्चा संबंध स्थापन करने की आवश्यकता को अनुभव करते हों, वह इस विषय में योग्यता लाभ करने के निमित्त सत्य ज्ञान पाकर उचित साधन ग्रहण करें।

II

किसी मनुष्य के प्रति किसी मनुष्य के हृदय में अनुराग की पहचान

मनुष्य जगत् में किसी मनुष्य का हृदय किसी और मनुष्य के प्रति जिस जिस प्रकार के भावों से आकृष्ट होकर अनुरागी बनता वा बन सकता है, वह यह हैं:-

(1) आपत्य भाव वा संतान अनुराग (2) काम भाव (3) सौन्दर्य भाव (4) प्रकृति गत सादृष्य भाव; इत्यादि।

इन में से आपत्य भाव वा संतान अनुराग बहुत प्रबल रूप में आया है। इसी आपत्य भाव वा संतान अनुराग का एक सुन्दर दृष्टान्त नीचे लिखा जाता है:-

सुख देवी एक खाते पीते घर की बहू थी। उसका पति किसी सरकारी दफ्तर में नौकर था। सुख देवी की उमर कोई 20 वर्ष की होगी, जबकि वह एक लड़का जनी। उस दिन उस बच्चे के जनने में उसे यद्यपि बहुत कष्ट मिला, तो भी वह उसे देखकर इतनी खुश हुई, कि कुछ देर के लिए वह अपना सारा दुख दर्द भूल गई। इस बच्चे का सुख उसे बहुत आकृष्ट करता था, और वह उसे बार बार देखा करती थी, और कितनी कितनी देर तक देखती रहती थी। कई बार जब वह अकेली होती, तब वह उसके सिर और गालों पर आहिस्ता आहिस्ता हाथ फेरती और कभी उमंग में आकर उसे चूमने लगती, और दिल दिल में यह आकांक्षा करती, कि मेरा यह बच्चा किसी तरह जीता रहे। कभी उस के नरम नरम और छोटे छोटे हाथों को उठाकर अपनी हथेली पर रख लेती और उसकी अंगुलियों को टटोलती रहती। कभी उस के छोटे छोटे और लाल लाल पांव पर हाथ रखती, और कभी उसे रोता देखकर उसके मुंह में अपना स्तन डालती, और इस प्रकार उसे चुप कराने की कोशिश करती। कभी उसकी कमर के पास हाथ ले जाकर उसके पोतड़े को टटोलकर देखती, कि वह कहीं गीला तो नहीं हो गया, और यदि वह तर होता, या उस में कुछ मैला लगा होता, तो वह उसे तत्काल बदल कर सूखा पोतड़ा उस के नीचे रख देती। कभी वह उसे गोद में लेकर बैठती, और जब वह सोता सोता कुछ मुस्कुरा पड़ता, तब यह उसकी उस मुस्कुराहट को देखकर आप भी खुशी से खिल जाती, और उस के नरम नरम होठों पर अंगुली फेर कर चाहती, कि वह फिर मुस्कुराए और वह फिर खुश हो।

इस बच्चे के लालन पालन और उस की सेवा में सुख देवी का हृदय इस कदर ज़ोर से जाता था, कि उसे साफ़ और सुथरा रखने और दूध के भिन्न उसके और चीज़ों के खाने के लायक हो जाने पर, उसे वह कई तरह की चीज़ों के खिलाने और उसे अच्छे अच्छे और सुन्दर सुन्दर वस्त्र पहनाकर सजाने और अपनी विविध प्रकार की भाव भंगी के द्वारा हंसाने और कई प्रकार के खिलौने देकर खुश करने के लिए पूरे उत्साह से चेष्टा करती, और बिना ऐसा करने के आराम न पाती।

सुख देवी की इस बच्चे के साथ इस कदर गहरी लगन थी, कि वह उसे कभी उदास वा अप्रसन्न देखना पसन्द न करती। वह उस के साथ हृदय के एक ऐसे सूत्र से बन्धी हुई थी, कि जो उसे उस के संबंध में विविध प्रकार से हिलाता रहता था। अर्थात् यदि वह बच्चे को हंसता और खुश देखती, तो यह सूत्र उसे खुद भी हिलाकर खुश कर देता। यदि वह उसे मुरझाया हुआ अथवा उदास देखती, तो यह सूत्र उसे मुरझाई और उदास अवस्था में पहुंचा देता।

सुख देवी अपने पुत्र को सुन्दर और सुसज्जित रूप में खुद देखने और औरों को दिखाने की इस कदर आकांक्षा रखती थी, कि कई बार उसके लिए कई तरह की पोशाकें रात रात में ही सी डालती। उसने किसी से सुना था, कि किसी देश में किसी ने कोई ऐसा तेल ईजाद किया है, कि जिस के लगाने से काले रंग का आदमी धीरे धीरे गोरा बन जाता है, और वह सोचा करती, कि यदि मुझे उसका कुछ पता मिले, तो मैं बहुत दाम देकर भी यह तेल ख़रीदूं और अपने सांवले बच्चे को गोरा बना लूं। शोक ! कि यह मुराद उसकी पूरी न हुई !! एक दिन ऐसा हुआ, कि किसी स्त्री ने उस के सामने यह कहा कि "जीजी ! तुम्हारा बच्चा बाप पर पड़ा है, इसलिए काला है।" "काले" का नाम सुनते ही वह चिल्ला उठी और बोली "जीजी ! तुम सांवले रंग को काला कहती हो, वह कोई बुरा रंग तो नहीं है। कन्हैया जी भी तो काले थे, परन्तु फिर भी लोग उन की पूजा करते हैं। जरा उस के चेहरे को तो देखो, कैसा सुडौल और सुन्दर है।" जब कोई उस के बच्चे को सराहता, तब सुख देवी बहुत खुश होती, और जब कोई बुरा कहता, तब वह नाखुश और दुखी होती।

एक दिन हठात् उस के इस बच्चे को बुखार हो गया, और वह उसे बीमार देखकर बहुत बेचैन हुई। दो दिन के बाद उस के बदन पर कुछ चेचक के दाने निकल आए। यह दाने बढ़ने लगे और धीरे धीरे उन से उसका सारा शरीर भर गया, और वह बहुत बेचैन रहने लगा। उस की इस बेचैनी ने सुख देवी को उस से भी अधिक व्याकुल कर दिया। जिस मीठी नीन्द के लिए लोग इतनी लालसा करते हैं, और जिस को लाभ करके वह तरोताज़ा हो जाते हैं, वह अच्छी नीन्द भी उसकी आंखों से उड़ गई। वह सो न सकती, और कभी बच्चे के साथ लेट रहती, और कभी उठकर उस के सिराहने हो बैठती। उसके चेहरे पर हंसी खुशी के कोई चिन्ह न रहे। वह सर्वदा इस सोच में रहती, कि यदि मेरा बच्चा न

बचा, तो फिर मैं किस को लेकर जिऊंगी, और किस को खिला पिला, नहला, धुला और अच्छे कपड़े पहना कर और सुन्दर रूप में सजाकर और कई प्रकार से **सेवा** करके **अपने हृदय की तृप्ति करूंगी**? परन्तु ऐसा हुआ, कि उसका बच्चा इस रोग से बच गया, और उसके आरोग्यता लाभ करने पर सुख देवी का शोक और दुख चला गया।

सुख देवी की इस सारी कहानी से जो मोटे मोटे तत्व सीखे जा सकते हैं, वह यह हैं:-

सुख देवी के हृदय में अपने बच्चे के संबंध में वह गहरा **अनुराग** मौजूद था, जिसे **आपत्य वा सन्तान अनुराग** कहते हैं, और इसलिए वह उससे परिचालित होकर अपने बच्चे के संबंध में पालन और सेवा आदि विषयक नाना प्रकार की क्रियाएं करती थी। इस सन्तान-अनुराग से परिचालित होकर गाय, भैंस, बकरी, घोड़ी आदि पालतू जानवरों के भिन्न भेड़िए, चीते और शेर जैसे हिंस्रक पशु भी अपने बच्चों का पालन करते हैं, और कितने ही स्वार्थ परायण मनुष्यों की अपेक्षा शुद्ध भाव से करते हैं।

यदि किसी जन में किसी मनुष्य के संबंध में कोई अनुराग वर्तमान हो, तो उस में उसके कितने ही लक्षण स्वतः प्रकाशित होते हैं।

यथा:-

1) अनुराग भाजन की प्रशंसा करने और सुनने की गाढ़ आकांक्षा;

2) अनुराग भाजन की प्रशंसा करके वा सुनकर हृदय में सुख वा रस लाभ;

3) अनुराग भाजन के समीप रहने की आकांक्षा;

4) अनुराग भाजन से जुदा होने पर उस से शीघ्र मिलने के लिए व्याकुलता;

5) अनुराग भाजन की इच्छा पूरी करके अपने प्रति उसके आकर्षण के उत्पन्न करने या बढ़ाने की आकांक्षा;

6) अनुराग भाजन को सदा प्रसन्न देखने की आकांक्षा;

7) अनुराग भाजन को अपनी विविध प्रकार की क्रियाओं और सेवाओं से सदा प्रसन्न करने की आकांक्षा;

8) अनुराग भाजन को सुन्दर, सुसज्जित और नीरोग अवस्था में देखने की आकांक्षा;

9) अनुराग भाजन के रोग वा दुख से दुखी और चिन्तित होकर उसके दूर करने के लिए यत्न;

10) अनुराग भाजन की सदा कुशल आकांक्षा और उसे जान बूझकर आप कोई दुख वा हानि न पहुंचाना, और न यथासाध्य किसी और की ओर से पहुंचने देना;

11) अनुराग भाजन की हर एक ज्ञात हानि में क्लेश अनुभव;

12) अनुराग भाजन के किसी अभाव वा दुख को दूर करके और सुख को बढ़ा के हृदय में सुख वा रस की प्राप्ति।

III

सत्य देव भगवान् देवात्मा के संबंध में श्रद्धा और अनुराग भावों के जागृत करने की आवश्यकता

अनुराग क्या? अनु का अर्थ है पीछे, राग का अर्थ है प्यार वा लगाव; अर्थात् जिस के प्रति सात्विक श्रद्धा उत्पन्न हो चुकी हो, उसके पीछे हृदय का जाना, जी का ललचाना, दिल का दौड़ना और उसकी प्राप्ति के लिए हृदय का अभिलाषी होना। जब जीवन दाता भगवान् देवात्मा के अद्वितीय देव जीवन की कुछ महिमा उपलब्ध होती हो, जब उन के आन्तरिक देव रूप के संबंध में किसी सच्चे स्तोत्र वा किसी कथा को श्रवण अथवा पाठ करने से श्रद्धालु का हृदय उछलता और आकृष्ट होता हो, जब उन की महिमा को सम्मुख लाने से उसके हृदय में आराम अनुभव होता हो, और ऐसा बोध होता हो, कि वह उनकी ओर खिंचा जाकर उनके देव रूप के पीछे भाग रहा है, और जहां तक यह देव रूप वह उपलब्ध कर सका है, वहां तक उस पर मोहित हो रहा है, और आगे और भी वह उस देव रूप के सौन्दर्य को उपलब्ध करना चाहता है, और उनके रूप और संबंध की तुलना में अपनी एक वा दूसरी त्रुटि और हीनता और उनके संबंध में अपने किसी प्रकार के अन्मेल के जानने पर उनके साथ मेल स्थापन करने के निमित्त अपनी प्रत्येक नीचता, हीनता और त्रुटि को त्यागकर, उनकी प्रसन्नता के लिए जो कुछ करना आवश्यक हो, वह करना चाहता है; इत्यादि इत्यादि; तब समझना चाहिए, कि उसमें उनके देव रूप से प्रकाशित देव प्रभावों के लिए कुछ अनुराग का भाव जागृत हुआ है।

यह अनुराग बहुत मूल्यवान सूत्र है। जब तक इस प्रकार का कोई आन्तरिक संबंध सूत्र उत्पन्न न हो, तब तक जीवन दाता भगवान् देवात्मा के साथ किसी श्रद्धालु आत्मा का जीवन्त संबंध स्थापन नहीं होता। कोई गाड़ी जब तक एन्जिन के साथ आंकड़ों और शृंखला के द्वारा न जुड़े, तब तक वह एन्जिन के पीछे नहीं चल सकती, और अपने स्थान से आगे नहीं बढ़ सकती। हाय! लाखों मनुष्यात्मा जो अन्धकार में पड़े हुए हैं, वह यह भी नहीं जानते, कि जीवन क्या, और उस की गतियां क्या, और जीवन दाता कौन? वह बेचारे इस वा उस मत के संस्कार में पड़े रहकर और जीवन विद्या विषयक सर्वोच्च ज्ञान की ज्योति से वंचित रहकर अपना अमूल्य जीवन वृथा नष्ट करते हैं। अब यदि

सौभाग्यवशतः किसी जन को जीवन दाता भगवान् देवात्मा का पता लग जावे, और वह किसी प्रकार अपने भीतर उनके देव प्रभावों के प्रति उस अनुराग को उत्पन्न करने के योग्य बन जाए, कि जिसका ऊपर वर्णन किया गया है; तो उसके द्वारा वह अपनी योग्यता के अनुसार अपने नीच अनुरागों और अपनी नीच घृणाओं और उनसे उत्पन्न अपनी नीच गतियों और उनके महा भयानक दुखों और अन्य विनाशकारी फलों से उद्धार पाने और उच्च जीवन विषयक नाना उच्च अंगों के उत्पन्न और विकसित करने की आशा कर सकता है।

यही अनुराग जीवन दाता के धर्म भंडार से लाभ उठाने की सच्ची कुंजी है। तुम उच्च संगत के प्रभावों को पाकर धीरे धीरे ऐसी अवस्था भी लाभ कर सकते हो, कि जिस से तुम्हारे एक वा दूसरे मोटे मोटे पाप तुम से छूट जावें, और तुम मोटे मोटे आठ पाप छोड़कर भगवान् देवात्मा की सेवकी में भी गृहीत हो सकते हो, परन्तु केवल इस प्रकार ग्रहण किए जाने से जीवन प्राप्ति का कोई क्रम नहीं चलता। इतने से निस्संदेह कुछ भला हो जाता है; परन्तु जब तक तुम्हारे भीतर वह अवस्था न आवे, कि जिस से तुम जीवन दाता भगवान् देवात्मा के देव प्रभावों के प्रति अनुराग सूत्र में बन्ध जाओ, तब तक तुम उनसे साक्षात् रूप में उस देव ज्योति और देव तेज के पाने के योग्य नहीं बन सकते, जिन्हें पाकर ही तुम अपने नाना नीच अनुरागों और अपनी नीच घृणाओं के विषय में प्रकृत बोध और उनसे मोक्ष की आकांक्षा और उच्च भावों में यथा योग्यता विकास लाभ कर सकते हो। इसलिए जहां तुम आप इस अनुराग की महिमा को उपलब्ध करो, वहां तुम में से जो जन औरों के हित के कार्य में लगे हुए हैं, वह भी औरों के सम्मुख इस महान अनुराग की महिमा को बार बार प्रकाश करने का यत्न करें। बिना इस कुंजी के तुम जीवन के उच्च भंडार को खोल नहीं सकते।

इस अनुराग के जागृत होने पर यह आवश्यक है, कि तुम उसे यथेष्ट रूप में उन्नत करने के लिए विविध साधन ग्रहण करो। क्योंकि जिस संसार के भीतर तुम वंश-परम्परा से बड़े बड़े प्रबल नीच अनुरागों और नीच घृणाओं को लेकर उत्पन्न हुए हो, और उनके सूत्रों से तुम संसार के नाना विषयों और अस्तित्वों के साथ बन्ध चुके हो, यदि उन सब के अधिकार की तुलना में यह अनुराग अधिक प्रबल न हो, तो फिर तुम्हारे बचने की आशा क्योंकर हो सकती है? जो कुएं में गिरा हुआ है, यदि वह किसी रस्सी को पकड़ सके, तो सम्भव है कि ऊपर से उसे कोई खींच ले, परन्तु यदि यह खींचने की रस्सी बहुत पतली हो, और उसके शरीर का भार उस रस्सी के बल की तुलना में बहुत अधिक हो, तो क्या उसके कुएं से निकलकर ऊपर आने की आशा पूरी हो सकती है? कदापि नहीं। इसलिए जब किसी आत्मा में अनुराग सूत्र उत्पन्न हो, तब उस के लिए दिनों दिन अपने नाना नीच अनुरागों और अपनी नाना नीच घृणाओं से मोक्ष पाने और इस अनुराग को बलिष्ट करने की आवश्यकता है।

जहां यह अनुराग अत्यन्त मूल्यवान वस्तु है; वहां इस की रक्षा और उन्नति करना बहुत कठिन है। जब तक किसी के सम्मुख यह सत्य प्रकाशित न हो, कि वह जिन नीच अनुरागों आदि के विषयों और संबंधियों में लिप्त होकर उन को कीमती वा प्यारा समझ रहा है, वह सब उस के आत्मिक जीवन की तुलना में कुछ भी नहीं- अर्थात् जिस धन की महिमा उसके सम्मुख है, जिस मान मर्यादा की महिमा उस के सम्मुख है, जिस पद की महिमा उस के सम्मुख है, जिस प्रभुत्व की महिमा उसके सम्मुख है, जिस कुल वा पत्नी वा पति वा सन्तान की महिमा उसके सम्मुख है, जिस जिस शारीरिक सुख की महिमा उस के सम्मुख है, जिस लोक रंजनता की महिमा उसके सम्मुख है, और इसी प्रकार जिस जिस की जो महिमा उसके सम्मुख है, वह सब उसके आत्मिक उच्च जीवन की तुलना में कुछ भी नहीं - तब तक वह ऐसे अनुराग संबंधी विविध साधनों के ग्रहण करने की इच्छा नहीं कर सकता। इसीलिए श्रद्धालुओं और सेवकों के लिए यह उचित है, कि वह इस अनुराग की प्रकृत महिमा को पहचान कर ऐसे सब साधन ग्रहण करें, कि जिन से उन के नीच बन्धन कट सकें, अर्थात् जिन नीच अनुरागों आदि के द्वारा वह विविध प्रकार के नीच विषयों वा संबंधियों के मोह से बन्धे हुए हैं, वह भंग हो सकें; तभी वह जीवन दाता भगवान् देवात्मा के साथ अपना सच्चा आत्मिक संबंध स्थापन और उन्नत कर सकते हैं। एक एक जन मान और यश का अभिलाषी, धन का अभिलाषी, पद का अभिलाषी, प्रभुत्व का अभिलाषी; जिस प्रकार किसी राजा की ओर देखता है, और जानता है कि उन वस्तुओं का भंडार वही है, और समझता है, कि मैं यदि धन चाहता हूं, तो जितना धन मुझे राजा प्रसन्न होकर दे सकता है, उतना और कोई नहीं दे सकता। यदि मैं मान अथवा यश चाहता हूं, तो मुझे वह जितना राजा दे सकता है, उतना कोई और नहीं दे सकता। यदि मैं कोई सांसारिक पद चाहता हूं, तो एक महाराजा जितना मुझे ऊंचे से ऊंचा पद दे सकता है, ऐसा कोई और नहीं दे सकता। उसी प्रकार जब तक किसी साधक को यह प्रत्यक्ष रूप से अनुभव न हो, कि मैं जिस आत्मिक उच्च जीवन का अभिलाषी हूं, उस के भंडार और दाता भगवान् देवात्मा हैं, और मैं सब प्रकार के उच्च बोध उन्हीं का अनुरागी बनकर लाभ कर सकता हूं, तब तक उस के जीवन के किसी विशेष कल्याण साधन का क्रम चल नहीं सकता।

इस पृथ्वी के प्रत्येक देश में लाखों जन ऐसे पाए जाते हैं, कि जो धन, मान, पद और आधिपत्य आदि के लाभ को ही अपना परम लाभ समझते हैं, और वह उन्हीं के पीछे जाकर अपना समस्त जीवन नष्ट कर देते हैं, वह एक एक गवर्नर वा उच्च पदस्थ राज कर्मचारी की प्रसन्नता के लिए लाखों रुपये खर्च करते हैं, नाना प्रकार के और त्याग ग्रहण करते हैं, क्योंकि वह जिन चीज़ों को चाहते हैं, वह उन्हीं की प्रसन्नता के द्वारा लाभ हो सकती हैं। इसी प्रकार यदि किसी को देवात्मा की देव ज्योति में यह उपलब्ध हो, कि आत्मिक विनाश से मोक्ष और आत्मिक उच्च जीवन लाभ के बिना मेरे लिए

और सब कुछ लाभ निष्फल हैं, और वह सत्य मोक्ष और वह उच्च जीवन मुझे सत्य देव भगवान् देवात्मा के बिना और कहीं से और किसी से प्राप्त नहीं हो सकता, तभी वह जीवन दाता भगवान् देवात्मा के देव प्रभावों का अनुरागी और उनकी सत्य पूजा के द्वारा उन्हें पाने का आकांक्षी बन सकता है। तब तुम अपने भीतर परीक्षा करके देखो, कि तुम्हारे हृदय पर तुम्हारे नीच अनुरागों आदि का कहां तक अधिकार है। हो सकता है, कि तुम्हें सांसारिक मान मर्यादा की कुछ परवाह न हो, धन की परवाह न हो, किसी इन्द्रिय जन्य सुख की परवाह न हो, तब भी प्रश्न यह है, कि तुम्हें किस की परवाह है? सवेरे से संध्या तक तुम्हारा सारा परिश्रम किस के लिए होता है? यह नहीं, कि तुम्हें धन नहीं कमाना चाहिए, और उसकी कोई आवश्यकता नहीं; यह नहीं कि तुम्हें उचित मान मर्यादा की इच्छा न रखनी चाहिए; यह नहीं कि तुम्हें किसी उचित सुख की कामना न करनी चाहिए; परन्तु तुम में से प्रत्येक जन आत्म-परीक्षा करके देखे, कि उसका यह सब कुछ चाहना किस उद्देश्य को लेकर है। क्या यह सब कुछ उस के आत्मा की सत्य मोक्ष और उसके विकास के पथ में सहाय होने के लिए है? क्या यह सब कुछ उस के इस मार्ग में कहीं काम आने के लिए है? यदि तुम्हारी शारीरिक पुष्टि, तुम्हारा शारीरिक बल इसलिए नहीं, कि वह तुम्हारे आत्मा के हित के साधन में सहायकारी हो, तो निश्चय जानो कि तुम्हारे लिए ऐसा लाभ विनाशकारी है। इसी प्रकार सोचो, कि तुम जो कुछ धन कमाते हो, वह किस लक्ष्य को पूरा करने के लिए है? हज़ारों मनुष्य धन को केवल धन के लिए कमाते हैं। उन के भीतर एक ऐसा व्यसन पड़ जाता है, कि वह धन के लालसी होकर उस के दिनों दिन बढ़ाने में ही तृप्ति पाते हैं; और उन में भी कई इतने नीच होते हैं, कि उसे अपने वा अपने पारिवारिक जनों के शरीर की रक्षा के लिए भी उचित रूप से व्यय करना नहीं चाहते; वह केवल उस के ढेर के बढ़ाने में ही प्रसन्नता लाभ करते हैं। ओह! ऐसे मनुष्यों की कैसी दुर्गति ! कैसी दुर्दशा! माना, कि तुम इतने अंश नीच न हो, तो भी विचार करो, कि तुम किस लक्ष्य के लिए जीते हो? और किस लक्ष्य के लिए सांसारिक पदार्थ एकत्र करते हो? कोई व्यवसाय अथवा कोई और कार्य करके जो धन तुम एकत्र करते हो, वह क्या इसलिए है, कि वह तुम्हारी सच्ची और उचित आवश्यकताओं के अतिरिक्त तुम्हारे आत्मिक कल्याण संबंधी किसी लक्ष्य में खर्च हो? यदि जीवन का कोई उच्च लक्ष्य तुम्हारे सम्मुख हो, तो तुम धन के केवल इकट्ठा करने में तृप्ति नहीं पाओगे, और न उस धन को ऐसे जनों के लिए छोड़ जाने में सुख लाभ करोगे, कि जो तुम्हारे पीछे एक वा दूसरे शोचनीय पाप के वशीभूत होकर न केवल तुम्हारे धन का नाश करेंगे, किन्तु उस के द्वारा अपना भी नाश करेंगे।

तुम जानते हो कि यह चाँदी सोना क्या वस्तुएं हैं? वह केवल जड़ पदार्थ हैं। जैसे और कितने ही खनिज पदार्थ हैं, कि जो भूमि के खोदने से निकलते हैं; वैसे ही सोना चाँदी भी खनिज पदार्थ हैं, जो पृथ्वी से निकलते हैं, और उसी पर पड़े रहते हैं। यदि उन के द्वारा तुम्हारे आत्मा का कोई कल्याण हो

सके, यदि वह किसी शुभ कार्य में ख़र्च होकर तुम्हारे उच्च जीवन के लाभ में कुछ सहायकारी बन सकें, तो उनका पाना तुम्हारे लिए सफल हो सकता है, नहीं तो उनके भीतर जो जड़त्व है, वह तुम्हें भी जड़वत् बनाता जाएगा, और तुम्हारे नाश का हेतु होगा। हाय! हज़ारों मनुष्य जो बड़े बड़े घोर पापों में ग्रस्त होकर विविध नीच गतियों को प्राप्त हुए हैं, वह इसीलिए कि वह इन चीज़ों के साथ बन्धकर और नीच विषयों को अपने ऊपर अधिकार देकर आप उन के दास बन गए हैं। इसीलिए वह जन जो अपने आत्मा का कल्याण साधन करने के आकांक्षी हों, वह निर्जन स्थान में बैठकर सोचें, कि हम किन पदार्थों के पीछे जा रहे हैं, और हमारी गति किस ओर है।

केवल यही यथेष्ट नहीं है, कि तुम इस वा उस बुरी रीति से धन वा पद लाभ करना नहीं चाहते, केवल यही यथेष्ट नहीं है, कि तुम इस वा उस बुरी विधि से मान और यश लाभ करना नहीं चाहते, किन्तु बात यह है, कि यदि यह सब कुछ तुम्हारे जीवन के उच्च लक्ष्य में सहाय होने के लिए नहीं, तो निश्चय इन सब को पाकर तुम दिनों दिन विनाश की ओर जाओगे। इसीलिए जीवन के उच्च पथ पर पड़ने और उन्नत होने के लिए तुम्हारे हृदय में उच्च जीवन दाता के प्रति उच्च अनुराग के उत्पन्न होने की अत्यन्त आवश्यकता है। परन्तु इस अनुराग सूत्र के स्थापन होने और स्थिर रहने के लिए यह आवश्यक है, कि तुम्हारा लक्ष्य नीच के स्थान में उच्च हो जाए। तुम धन को लक्ष्य रखकर धन न कमाओ। मान को लक्ष्य रखकर मान न चाहो। इन्द्रिय सुखों के लिए परिवार न बनाओ। पद के लिए पद न चाहो। ऐसा करके तुम और अधार्मिक लोगों की न्याईं ही रहते हो, और तुम में और उन में कोई भेद नहीं रहता; किन्तु तुम उन में से जो कुछ चाहो, जो कुछ लाभ करो, वह उच्च लक्ष्य रखकर उन्हें अपने उच्च जीवन में सहाय बनाने के लिए। इसीलिए तुम्हारे सब नीच लक्ष्यों के बदल जाने की नितान्त आवश्यकता है। तुम गृहस्थ में रहकर, स्त्री रखकर, सन्तान रखकर, धन उपार्जन करके, शारीरिक रक्षा करके, यह विवेचना करके देखो कि इन मे से कहां कहां और किस किस में अमृत के स्थान में विष भरा हुआ है, कि जो तुम्हारे लिए विनाशकारी है, और तुम्हारे बन्धन का कारण बन रहा है, और तुम्हारे आत्मा को जीवनदाता भगवान् देवात्मा की ओर जाने नहीं देता।

जब तक तुम्हारे हृदय में जीवन दाता भगवान् देवात्मा का संबंध और सब संबंधों से बढ़ न जावे, जब तक तुम्हें यह प्रतीत न हो, कि मैं जीवनदाता भगवान् देवात्मा के लिए वह कौन सी वस्तु है, जो छोड़ नहीं सकता, और वह कौन सा बन्धन है, जिसे काट नहीं सकता, तब तक तुम्हारे आत्मा की नाना विनाशकारी गतियों से मुक्ति और उसमें उच्च जीवन की उत्पत्ति और उन्नति का कोई नियमित और लगातार क्रम नहीं चल सकता। ऐसा हो, कि सत्य देव भगवान् देवात्मा की देव ज्योति तुम्हारे भीतर प्रवेश करे। तुम पर अपने आत्मिक कल्याण का मार्ग प्रगट हो, और वह सब नीच बन्धन

जिन के साथ तुम जकड़े हुए हो, किसी तरह करें, और तुम उनके दास होने के स्थान में उनके प्रभु बनकर उन सब को अपने उच्च लक्ष्य के लिए काम में ला सको।

ऐसी इच्छा करो, कि तुम्हारा लक्ष्य उच्च हो, अर्थात् जीवनदाता भगवान् देवात्मा के साथ अनुराग उत्पन्न और उन्नत करके उच्च जीवन की प्राप्ति के लिए हो; क्योंकि जब जीवनदाता भगवान् देवात्मा के प्रति तुम्हारे हृदय में अनुराग उत्पन्न होकर बढ़ेगा, तभी धीरे धीरे तुम्हारे मोह-उत्पादक और विनाशकारी बन्धन कट सकेंगे। इसीलिए तुम अपने भीतर प्रश्न करके देखो, कि क्या तुम्हारे जीवन का लक्ष्य उच्च बन गया है? क्या तुम्हारे हृदय का सम्बन्ध जीवनदाता भगवान् देवात्मा के साथ स्थापन हुआ है? क्या तुम्हारे भीतर उन के प्रति अनुराग उत्पन्न हुआ है? क्या उनके प्रति तुम्हारा यह अनुराग दिनों दिन उन्नत हो रहा है? याद रखो कि जिस प्रकार तुम्हारे धन, मान, पति, पत्नी, सन्तान आदि विषयक नीच अनुराग अपने लक्षणों से पहचाने जा सकते हैं; उसी प्रकार भगवान देवात्मा के प्रति तुम्हारा उच्च अनुराग भी अपने लक्षणों से पहचाना जा सकता है। उन की कुछ स्तुति, वा उन के संबंध में कुछ पाठ कर लेने, वा कुछ गा लेने से, उस का प्रमाण नहीं मिल सकता। सच्चा अनुराग अपने लक्षणों से पहचाना जाता है। जो धन, मान, स्त्री, बच्चों वा अन्य नाना नीच सुखों में से किसी का अनुरागी होता है, उस के ऊपर जैसा कि दूसरे परिच्छेद में वर्णन हो चुका है, एक आश्चर्य भूत सवार हो जाता है, कि जो उसे उसके प्यारे के बिना कहीं चैन लेने नहीं देता। वह और कई सुखों की ओर से बेपरवाह हो जाता है। वह अपने प्यारे की प्राप्ति वा उसकी प्रसन्नता के लिए कई प्रकार की चिन्ता और कई प्रकार के कार्य करता है। इसी प्रकार यदि किसी हृदय में उच्च अनुराग उत्पन्न हो, तो वह भी उसकी नाना क्रियाओं से पहचाना जा सकता है।

प्रत्येक अनुराग के साथ वैराग्य आता है। कैसा वैराग्य? अर्थात् नाना संबंधियों के जो नीच बन्धन इस अनुराग में बाधा दें, वा धन आदि पदार्थों का जो लालच इस अनुराग के गाढ़ होने में रोक बने, उनके त्याग और उनसे उद्धार के लिए एकान्त इच्छा। यह वैराग अनुरागी आत्मा के जीवन का एक बड़ा लक्षण है। फिर प्रत्येक अनुरागी आत्मा अपने अनुराग भाजन के साथ जीवन्त संबंध अनुभव करता है। वह अपने संबंध में उसकी प्रत्येक शुभ इच्छा को जानने और उसे यथा साध्य पूरा करने में ही आराम और तृप्ति पाता है। वह उसकी पवित्र प्रसन्नता लाभ करके दिनों दिन उसकी निकटता चाहता है, और इस प्रसन्नता वा निकटता की प्राप्ति के लिए यथेष्ट रूप से आत्म समर्पण करता है। यह उसका एक और बड़ा लक्षण है। इसीलिए यदि जीवनदाता भगवान् देवात्मा के साथ तुम्हारा हृदय-गत संबंध हो, और यदि तुम्हारे जीवन की कोई गति उन की शुभ इच्छा वा उनके देव रूप के विरुद्ध हो, तो तुम ऐसी गति रखना पसन्द नहीं कर सकते। इसके भिन्न अनुरागी जन का हृदय

अपने अनुराग भाजन की विविध प्रकार की इच्छाओं को पूरा करके उसे प्रसन्न करने और उस के निकट होने के लिए व्याकुल होता है। क्या तुम्हारा हृदय इस प्रकार व्याकुल होता है? क्या भगवान् देवात्मा की किसी शुभ इच्छा को जानकर उसके पूरा करने के लिए तुम्हारे भीतर किसी बन्धन के काटने की इच्छा होती है? क्या वह तुम्हें अपने आत्मा के प्राण बोध होते हैं? क्या उनके संबंध की रक्षा के लिए तुम आवश्यक होने पर और सब संबंध काट सकते हो? यदि नहीं, तो तुम उनके अनुरागी नहीं हो।

अब यदि तुम जीवन के विनाश और विकास संबंधी तत्वों को भली भान्त उपलब्ध कर सको, तो तुम अपने जीवन के सच्चे रक्षक और विकासक भगवान् देवात्मा को सब से बढ़कर प्रिय बनाने के अवश्य इच्छुक बन सकते हो, और उनके सच्चे अनुरागी और अनुगत बनने की अवश्य आकांक्षा कर सकते हो, और बिना उनके साथ अनुराग सूत्र से जुड़ने और आवश्यक साधनों के द्वारा इस अनुराग भाव को दिनों दिन उन्नत करने के अपने उच्च लक्ष्य की सिद्धि वा अपने जीवन की रक्षा और उसकी सच्ची सफलता नहीं देख सकते।

अनुरागी शिष्य बनने के बिना तुम कभी यह आकांक्षा ही नहीं कर सकते, कि मैं उन के साथ उच्चगति प्रद मेल लाभ करने के निमित्त ऐसा कोई त्याग नहीं, जो नहीं कर सकता मेरी ऐसी कोई रुचि नहीं, ऐसी कोई कामना नहीं, ऐसा कोई स्वभाव नहीं, ऐसी कोई वस्तु नहीं, धन नहीं, धरती नहीं, माल नहीं, असबाब नहीं, संबंधी नहीं, मान नहीं, यश नहीं, जिसे मैं आवश्यक होने पर उनके लिए त्याग नहीं कर सकता। अनुरागी शिष्य होने के बिना तुम उन्हें अपने ऊपर अधिकार देने की सच्ची इच्छा ही नहीं कर सकते। अनुरागी शिष्य होने के बिना तुम अपनत्व की नीचता से निकल कर उनके देव प्रभावों को ऐसी मात्रा में ग्रहण नहीं कर सकते, कि जिसके द्वारा तुम्हारे आत्मा को विनाश से उद्धार पाने का और उसके उच्च विकास साधन का कोई लगातार क्रम चल सके। जहां कहीं तुम भगवान् देवात्मा के देव रूप को जवाब देकर और उनसे बाग़ी बनकर अपनी "मैं" को कायम रखते हो, वहीं तुम अपने आत्मा को धर्म जीवन की प्राप्ति से वंचित करते हो। तुम अपनी "मैं" को त्याग करने के बिना उनके नहीं बन सकते। तुम इस दोहे को सदा स्मरण रखोः-

"जब मैं था तब गुरु नहीं, जब गुरु हैं, मैं नाहिं;

प्रेम गली अति सांकरी, तामे दो न समाहिं।"

IV

सत्य देव भगवान् देवात्मा के प्रति कैसे जनों में और किन-किन साधनों से अनुराग उत्पन्न हो सकता है?

यह बताया जा चुका है कि मनुष्यों में से अपेक्षाकृत थोड़े से जनों में भगवान् देवात्मा के देव प्रभावों के प्रति अनुराग उत्पन्न वा उन्नत हो सकता है। जैसे भूमि के हर एक खण्ड से हर एक प्रकार का फलदार वृक्ष उत्पन्न नहीं हो सकता, वैसे ही प्रत्येक हृदय से भगवान् देवात्मा के देव प्रभावों के प्रति अनुराग की उत्पत्ति वा उन्नति नहीं हो सकती। फिर भी जिन विशेष जनों में इस अनुराग की उत्पत्ति हो सकती है, वे निम्नलिखित लक्षणों से पहचाने जा सकते हैं:

1) जो आत्मिक गठन और जीवन के संबंध में भगवान् देवात्मा की शिक्षा वा उपदेशों आदि को पढ़ वा सुनकर **सत्य-असत्य विषयक कुछ विवेक** लाभ कर सकते हों।

2) जो उपरोक्त प्रकार की शिक्षा विषयक लेखों वा उपदेशों का **बार-बार पाठ** कर सकते हों, और उनमें जो नाना प्रकार के **सत्य** निहित हैं, उन्हें बार-बार पाठ, विचार और जिज्ञासा के द्वारा अधिक से अधिक संख्या और उज्ज्वल रूप में **देखने और ग्रहण** करने की योग्यता रखते हों।

3) जो भगवान् देवात्मा के इस प्रकार की शिक्षा विषयक तत्व-ज्ञान से उपकृत होकर अपने नाना नीच अनुरागों और नीच घृणाओं के विनाशकारी अधिकार से **मोक्ष** और विकासकारी **उच्च वा सात्विक भावों की प्राप्ति के लिए आकांक्षी** बन सकते हों।

4) जो भगवान् देवात्मा के **उच्च सेवकों के उच्च प्रभाव-प्रदायक साधनों** में योग देने और उनसे उपकृत होने की **अभिलाषा** रखते हों।

5) जो घमंड वा अनुचित अहंभाव से इतने शून्य हों कि अपनी किसी तुच्छता को अनुभव कर सकते हों, और अपनी किसी हीनता, अनुचित क्रिया, पाप वा अपराध के संबंध में

अपने बड़ों से घृणा-सूचक कोई बात वा उपदेश सुनकर उनसे फट न जाते हों, और उनके प्रति घृणा वा द्वेष भाव पोषण न करते हों।

6) जो अपने किसी मिथ्या विश्वास, कुसंस्कार, पाप-मूलक बन्धन, अभ्यास, स्वभाव वा रुचि आदि को **घृणित** रूप में देखने और **अज्ञान रूपी महा-भयानक अन्धता से उद्धार पाने के निमित्त** भगवान् देवात्मा की घृणा-बोध-उत्पादक देव ज्योति और देव तेज लाभ करने के लिए कोई **नियमित साधन ग्रहण कर सकते हों।**

7) जो भगवान् देवात्मा की देव ज्योति और उनके देव तेज के प्रभावों को प्राप्त होकर उनके द्वारा अपने आत्मिक विकारों के संबंध में **घृणा-उत्पादक** और **परिशोध-विधायक** आवश्यक बोधों के लाभ करने के निमित्त साधन ग्रहण कर सकते हों।

8) जो सत्य धर्म विषयक **उच्च वा सात्विक भावों** की महिमा और उनके सौन्दर्य को देखने और उन्हें अपने जीवन में विकसित करके अपने नाना संबंधों में नाना प्रकार से सेवाकारी बनने के लिए **आवश्यक साधन** ग्रहण कर सकते हों।

9) जो किसी न किसी अंश में भगवान् देवात्मा के देव रूप की महिमा और अपनी हीनता तथा तुच्छता को उपलब्ध करने और उनके प्रति अपनी **श्रद्धा** वा अपने **आकर्षण** को बढ़ाने के निमित्त **उन के संबंध में अर्चन, प्रणाम, पाठ, विचार, स्तोत्र और भजन-गान, ध्यान और प्रार्थना आदि का नियमित दैनिक साधन** कर सकते हों।

10) जो विचार के द्वारा प्रतिदिन भगवान् देवात्मा के विविध उपकारों को सम्मुख लाकर और उन्हें परम हितकर्ता रूप में उपलब्ध करके उनके संबंध में अपने आपको **उपकृत, ऋणी और कृतज्ञ** अनुभव करने के लिए **नियमित साधन कर सकते हों।**

11) जो भगवान् देवात्मा के संबंध में, चाहे उनके प्रति **ऋण-परिशोध** के लिए हो या अपने हृदय में आकर्षण की उत्पत्ति के लिए, **सेवा** विषयक साधन ग्रहण कर सकते हों।

12) जो भगवान् देवात्मा के देव प्रभावों के प्रति अनुराग को अपने आत्मा के लिए **जीवन-दायक प्राण** जानकर उसकी प्राप्ति, रक्षा और उन्नति को अपना **परम लक्ष्य** अनुभव करते हों। और उसकी पूर्ति के लिए उनकी देव ज्योति में उन्हें जिस-जिस संबंधी सुख, अभ्यास, रुचि वा पदार्थ आदि के **त्याग** की आवश्यकता बोध हो, उसे **त्याग** कर

सकते हों, और किसी बात के द्वारा उनसे फटने और दूर होने में अपने आत्मा की मृत्यु अनुभव करते हों।

V

मैं सत्य देव भगवान् देवात्मा के देव प्रभावों की प्राप्ति के लिए क्या क्या साधन किया करूं?

इस प्रश्न के उत्तर में तुम जिन कई साधनों को ग्रहण कर सकते हो, वह यह हैं:- तुम

1) उनकी छवि को साफ़ वस्त्र से झाड़ और पोंछ कर उसे फूलों आदि से सुसज्जित किया करो।

2) उन्हें अपने सब संबंधियों से बड़ा जानकर और अपना परित्राता और जीवन दाता उपलब्ध करके, उनकी छवि के द्वारा उन्हें बार बार प्रणाम किया करो।

3) देव स्तोत्र का विचार पूर्वक बार बार दोहरा कर देर तक गान किया करो।

4) उनके संबंध में और महिमा-सूचक भजनों का चित्त लगाकर विचार पूर्वक गान वा कीर्तन किया करो।

5) उनके संबंध में जिन जिन लेखों के पाठ से उनकी महिमा तुम्हारे सम्मुख आती हो, उन्हें पाठ किया करो और ऐसे समय में जो भाव तुम्हारे भीतर उत्पन्न हों, उन्हें यथा साध्य लिखा करो।

6) उनके श्रद्धावान् पारिवारिक संबंधियों और जिन स्थानों वा चीज़ों आदि का उनके साथ संबंध रहा हो, उनका उचित रूप से सम्मान किया करो।

7) जो जन उनके सम्मान के पात्र हों, उनका भली भान्त सम्मान किया करो।

8) उनकी छवि और लेखों को (चाहे वह किसी पुस्तक में हों) और उनके भिन्न उन से संबंध रखने वाली जो वस्तुएं तुम्हारे पास हों, उन्हें बहुत सम्मान पूर्वक और अच्छी अवस्था में रखने का अभ्यास करो। और जहां कहीं उनका किसी और के द्वारा अपमान होता हो, वहां उनकी उस अपमान से रक्षा करने की उचित रूप से चेष्टा करो।

9) किसी के मुंह से कभी उनकी निन्दा न सुनो, और आप भी कभी उन की निन्दा न करो। और न किसी ऐसे लेख को पढ़ो वा सुनो, कि जिस में उन की निन्दा हो, सिवाय इसके कि उसके खण्डन के द्वारा सत्य की रक्षा के लिए तुम्हें ऐसा करना आवश्यक बोध हो।

10) उनके जिन जिन उपकारों को अपने वा अपने पारिवारिक वा सामाजिक जनों के संबंध में स्मरण कर सकते हो, उन्हें स्मरण करने अथवा इस से भी बढ़कर लिखने का साधन किया करो।

11) उनके प्रति कृतज्ञ भाव के वर्तमान होने पर अथवा उस के उत्पन्न करने के लिए कृतज्ञता विषयक एक वा दूसरी सेवा विषयक साधन किया करो।

12) उनसे आत्मिक देव ज्योति और देव तेज की प्राप्ति के लिए सरल भाव से प्रार्थना किया करो।

13) उनकी आत्मिक देव ज्योति को पाकर जब किसी के संबंध में तुम्हारा कोई पाप वा अपराध तुम पर बुरे रूप में प्रगट हो, तब उससे उद्धार के निमित्त उसके प्रति घृणा और दुख उत्पादक और त्याग और परिशोध विषयक प्रत्येक साधन के ग्रहण करने की चेष्टा करो।

14) उनके उच्च-भाव उत्पादक देव तेज के प्रभावों को पाकर जब तुम्हारे हृदय में उच्च सेवा विषयक कोई शुभ संकल्प उत्पन्न हो, तब उसके पूर्ण करने के लिए अपने धन और पदार्थ, अपने समय और अपने अस्तित्व को उचित रूप से अर्पण करने का अभ्यास करो।

15) उनके देव शास्त्र और अन्य विशेष विशेष (अपने लिए) उपयोगी पुस्तकों वा लेखों का प्रार्थना और विचार के साथ पाठ करके उनके द्वारा देव प्रभावों के लाभ करने का साधन किया करो।

16) उनके जीवन चरित के संबंध में जो जो पुस्तकें वा लेख तुम्हारे हृदय को स्पर्श करते हों, उन्हें विचार पूर्वक पाठ करने के अभ्यासी बनो।

17) उनके अपने अद्वितीय परम लक्ष्य की सिद्धि के लिए महा त्यागों, समर्पणों और संग्रामों के विषय में उनकी रची हुई पुस्तकों वा अन्य नाना लेखों का विचार पूर्वक पाठ करने के

अभ्यासी बनो, और उस लक्ष्य के इस दुनिया में अधिक से अधिक फलीभूत होने में सेवाकारी होने के निमित्त उनकी आकांक्षाओं को पूरा करने की सब प्रकार से चेष्टा करो।

18) उनके स्थापित धर्म विकासालय की मोक्ष और उच्च जीवन दायक शिक्षा और उच्च संगत संबंधी उच्च प्रभावों को लाभ करने और उनके महान कार्य में सेवाकारी बनने की योग्यता प्राप्त करने के लिए उसके अधिवेशनों में योग दो वा नियमित विकासार्थी बनो।

19) उनके सब सेवकों के साथ अपनी ओर से सदा सद्भाव रखने के अभ्यासी बनो।

20) अपने हृदय की परीक्षा किया करो, और उस पर मिथ्या अनुराग, घमंड, स्वेच्छाचारिता, ईर्ष्या, नीच घृणा और द्वेष आदि विषयक जिस जिस महा अनिष्टकारी भाव का अधिकार हो, उस से मोक्ष पाने के निमित्त उसके प्रति घृणा और दुख उत्पादक विचार, पाठ और प्रार्थना आदि संबंधी प्रत्येक साधन किया करो।

VI

सत्य देव भगवान् देवात्मा के देव प्रभावों का अनुरागी बनने से क्या-क्या लाभ होते हैं?

इस अनुराग की उत्पत्ति और उन्नति से ही किसी अधिकारी मनुष्य को अपने सार आत्मिक जीवन का सत्य-बोधी होकर, उसके सच्चे हित और अहित के आधार पर नेचर के विविध विभागों के संबंध में धीरे-धीरे—

1) अपनी नाना नीच गतियों के जानने,

2) अपने पहले किए हुए नाना पापों और अपराधों को बुरे और घृणित रूप में देखने और उनके प्रति घृणा अनुभव करके उन्हें त्यागने,

3) उनके विकारों से पवित्र होने के लिए आवश्यक परिशोध करने,

4) अपने विविध नीच अनुरागों और नीच घृणा भावों का बोध प्राप्त करके उनके दासत्व से उद्धार पाने,

5) नाना उच्च गति-दायक सात्विक भावों के विषय में विवेक लाभ करके धीरे-धीरे उनके सौन्दर्य को उपलब्ध करने,

6) उनके प्रति आकृष्ट होने,

7) उनकी प्राप्ति के लिए आकांक्षी बनने,

8) उनकी प्राप्ति के लिए साधन विषयक ज्ञान और योग्यता लाभ करने—

के लिए सत्य देव भगवान् देवात्मा से वह **अलौकिक देव ज्योति और देव तेज** प्राप्त हो सकता है कि जिससे वह एक ओर अपने आत्मा में नीच गति-उत्पादक नीच अनुरागों और नीच घृणाओं और उनसे उत्पन्न नाना विकारों और उनके महा-भयानक दुखों से **सच्ची मोक्ष** और दूसरी ओर अपने आत्मा में **उच्च अंगों** को **विकसित** करने के योग्य बनता है। और अपने स्थूल शरीर के त्याग करने पर उच्च श्रेणी का सूक्ष्म शरीर ग्रहण करके अपनी उन्नत अवस्था के अनुसार **उच्च से उच्च लोकों में**

प्रवेश और वास करने और उनके परम वांछनीय सच्चे संबंधों और विकार-रहित नाना प्रकार के **उच्च आनन्दों** का उपभोग करने का अधिकार लाभ करता है।

मनुष्य-जीवन पाकर किसी नर वा नारी आत्मा के लिए भगवान् देवात्मा की शरण प्राप्त होकर उनके पूर्णाङ्ग देव रूप के देव प्रभावों का अनुरागी बनना इस संसार में सब लाभों से बढ़कर लाभ और सब अधिकारों से बढ़कर श्रेष्ठ अधिकार है।

॥ इति मूललेखनम् ॥— संकलनकर्ता

देवात्मा के आविर्भाव के संबंध में महापुरुषों की आशाएँ एवं भविष्यवाणियाँ – संकलकर्ता

संसार के विचारशील, दार्शनिक और वैज्ञानिक एक ऐसे धर्म की आशा करते रहे हैं, जो रूढ़िवाद, अति-प्राकृतिक (Supernatural) बातों और इलहामी अर्थात ईश्वरीय वाणी आदि गप्पों से मुक्त हो और विज्ञानमूलक नेचर के नियमों के अनुसार हो।

महान विचारक यह भी परम आवश्यकता अनुभव करते रहे हैं कि संसार में एक ऐसे अद्वितीय आत्मा या **आदर्श जीवनधारी** का **आविर्भाव** हो, जो अपने **देवबोधों** और **देवप्रभावों** के विचार से सच्चा देवता हो, न कि कल्पित जन्म लेने के विचार से। संसार के विख्यात जनों की यह भी आशा रही है कि ऐसे देवात्मा **भारत** की तपोभूमि में ही प्रकट होंगे।

नेचर के लाखों वर्षों के विकासक्रम में, 19वीं शताब्दी में भारत की पुण्यभूमि पर भगवान देवात्मा का अद्वितीय आविर्भाव हुआ, जिससे महापुरुषों की वह भविष्यवाणी सत्य सिद्ध हुई; यथा—

सन 1919 ई. में **श्री फ़िलिप्स थॉमस** ने लिखा था:

"मनुष्य रूढ़िवादी धर्म से अब आगे चला गया है। उसके पुराने विचार या विश्वास, अकल, समझ, निरीक्षण और परीक्षण के अनुकूल नहीं हैं।"

अमेरिका की एक **विख्यात महिला** ने लिखा था:

"मैं बहुत स्पष्ट रूप से कहती हूँ कि मेरा यह विश्वास है कि सार्वभौमिक धर्म (Universal Religion) की पहली किरण भारत से ही फूटेगी।"

भारत के महान कवि और विचारक **डॉ. रवीन्द्रनाथ टैगोर** ने अपने बहुत सुन्दर उद्गार प्रकट करते हुए लिखा था:

"समय था, जब मैं विश्वास करता था कि सभ्यता का स्रोत पश्चिम से फूटेगा। परन्तु अब जब मैं संसार से विदा लेने वाला हूँ, मेरा वो विश्वास खत्म हो गया है। आज मेरी अन्तिम आशा यह है कि संसार के उद्धारकर्ता हमारे दरिद्र देश में जन्म लेंगे। और पूर्व के क्षितिज से उनका देव संदेश संसार सुनेगा और मानव संसार असीम आशाओं से भरपूर होगा।"

"कौन जानता है, कि वह दिन आ ही नहीं गया है, और ऐसा देव सूर्य एशिया के दूरतम क्षितिज से चढ़ नहीं चुका है, जो संसार को प्रकाशमान कर देगा।"

कलकत्ता के **इंडियन मिरर** समाचार के सुयोग्य और सुशिक्षित **एडिटर** ने 17 अक्टूबर 1901 के अंक में "अत्यन्त घटना सूचक काल" शीर्षक से एक निबंध प्रकाशित करके उसमें यह वर्णन किया था:

"नैतिक और धर्म-विषयक अवस्था के विचार से भी भारत अब की अपेक्षा और कब अधिक शोचनीय अवस्था में था?

इंडिया के बच्चों के पाप खूब बढ़ रहे हैं और यह युग लोगों की इस भयानक अवस्था से उद्धार के लिए एक अवतार की आवश्यकता है।"

महान वैज्ञानिक और विकासवादी प्रोफेसर **जूलियन हक्सले** ने बड़े ही सुन्दर और महत्त्वपूर्ण शब्दों में अपने विश्वास और आशा को प्रकट किया था:

"मेरा पूर्ण विश्वास है कि संसार में एक नए धर्म का उदय होगा।
वह कैसे विकसित होगा और उसका पुष्पित रूप क्या होगा, यह कोई नहीं जानता।
परन्तु उसके विश्वास अति-प्राकृतिक (Supernatural) ईश्वरीय वाणी पर आधारित नहीं होंगे, बल्कि ज्ञान और विज्ञान द्वारा मनुष्य के सम्बन्ध में उद्धटित तत्त्वों पर आधारित होंगे।"

अद्वितीय गुरु के अद्वितीय शिष्य, **भगवान देवात्मा**, जो अपने देव जीवन में विकसित होकर आत्मिक जगत के सूर्य बनकर चमके, उनके बारे में उनके गुरु **श्रीयुत शिव दयाल सिंह जी** की भविष्यवाणी सत्य प्रमाणित हुई, जिन्होंने सन 1872 में अपना आशीर्वाद प्रदान किया था:

"भाई जान! तुम्हारे विश्वास, तुम्हारे वचन और तुम्हारे कार्य से मुझे पूरी आशा है कि तुम निश्चय ही अपने उद्देश्य में सफल होंगे।"

अंग्रेज़ों ने भगवान देवात्मा के बारे में क्या लिखा:

आगरा कैनाल द्वितीय डिवीजन के अधिशाषी अभियंता एफ. होम साहब ने 2 अप्रैल 1869 ई. को अपने प्रशंसा पत्र में लिखा था:

"उन्होंने (श्रीयुत शिवनारायण Sub-Overseer) ने अपने कर्तव्य-विषयक कामों को पूरा करके मुझे खुश रखा है।"

थॉमसन सिविल इंजीनियरिंग कॉलेज, रुड़की के **प्रिंसिपल, ए. एम. लैंग साहब** ने 5 सितंबर 1871 ई. को प्रशंसा पत्र में लिखा:

"उनके अफसरों ने उनके काम की बहुत अच्छी रिपोर्ट दी है।
वह बहुत सुयोग्य, बड़े उत्साही और परिश्रमी पुरुष हैं।"

26 नवम्बर 1873 ई. की वार्षिक रिपोर्ट में लिखा गया:

"जवानी की उम्र, सरगर्मी और अन्य अच्छी योग्यताएं उनके पक्ष में हैं। यदि वह इसी प्रकार उन्नति करते चले गए, तो उनके एक विख्यात पुरुष बन जाने की पूर्ण आशा है।
मैं बड़े जोर से उनके नए अफसरों को उनकी सिफ़ारिश करता हूँ।"

8 जुलाई 1872 ई. को रेलवे, बहावलपुर के अधिशासी अभियंता, **एल. एच. सी. आर्मस्ट्रांग** ने अपने सर्टिफ़िकेट में लिखा:

"मैंने उन्हें हमेशा चुस्त, सरगर्म और बहुत समझदार तथा काम की देखभाल के लिए बहुत लायक आदमी पाया है।"

नवम्बर 1873 ई. में, थॉमसन सिविल इंजीनियरिंग कॉलेज के **प्रिंसिपल, ए. एम. लैंग** साहब पुनः लिखते हैं:

"उन्होंने यहाँ रहकर क्या अंग्रेज़ी भाषा और क्या विद्या-संबंधी नाना विषयों में उन्नति की है।"

विख्यात जनों की नज़रों में देवात्मा– संकलकर्ता

पंजाब केसरी, **लाला लाजपत राय** अपनी जीवनी में लिखते हैं:

“वह एक महान लेखक थे और वाक्पटुता का वरदान उन्हें प्राप्त था।
उनके व्याख्यानों ने मेरे भीतर यह लालसा उत्पन्न कर दी कि मैं भी उनकी तरह एक महान वक्ता बनूँ।
सन 1881 ई. में, उनकी समाज की वर्षगांठ पर उन्होंने मुझे दीक्षित किया।”

सन 1885 में भगवान देवात्मा लाहौर में पंजाब इंडियन एसोसिएशन के प्रथम सचिव बने, और बंबई में अखिल भारतीय कांग्रेस के प्रथम अधिवेशन में सम्मिलित होने के लिए पंजाब प्रांत के प्रतिनिधि बनकर पहुँचे।

अक्टूबर 1885 ई. में महाराजा नाभा के निमंत्रण पर वह तीन दिन तक उपदेश देते रहे, जिनमें प्रायः छह सौ से लेकर एक हजार तक सब दर्जे के लोग एकत्र होते रहते थे। सारे शहर में उनके उपदेशों की धूम और हलचल मच गई। उस समय पंजाब के संत निहाल सिंह, लाला हरदयाल, लाला लाजपत राय तथा राय केदारनाथ आदि भगवान देवात्मा के जीवन से अत्यधिक प्रभावित हुए। भगवान देवात्मा ट्रिब्यून के व्यवस्थापकों में से एक थे।

ब्रिटिश पार्लियामेंट के भूतपूर्व मेंबर और लन्दन की एंग्लो-इंडियन एसोसिएशन के योग्य और विख्यात **मंत्री डब्ल्यू. एस. केन** साहब ने लिखा था:

“मैं इलाहाबाद की इंडियन नेशनल कांग्रेस की एक घटना कभी नहीं भूलूँगा।

शराबबंदी के विषय में प्रस्ताव पर बहस हो रही थी।

एक शानदार डेलीगेट, व्यक्तित्व में तेजस्वी, इस प्रस्ताव का समर्थन करने के लिए प्लेटफार्म पर आए और क्षणभर में बहुसंख्यक श्रोतागणों पर अपनी महान वक्तृता-शक्ति से जादू का-सा प्रभाव उत्पन्न कर दिया।

वह साहब अग्निहोत्री, पंजाब के डेलीगेट, देव धर्म मिशन के संस्थापक और उर्दू भाषा के विख्यात ओजस्वी वक्ता थे।

अग्निहोत्री साहब शीघ्र ही इंग्लैंड पधारने का अवसर पाएंगे, और हम उनका स्वागत करने के लिए तैयार रहेंगे।"

इंडियन कांग्रेस के जन्मदाता **श्री एलन ओ. ह्यूम** (I.C.S., इंग्लैंड) के भीतर श्री देव गुरु भगवान के प्रति श्रद्धा और उनके पवित्र मिशन के साथ सहानुभूति थी। एक जन को उन्होंने लिखा था:

"यदि तुम अपने देश की सेवा करना चाहते हो, तो मेरे श्रेष्ठ मित्र अग्निहोत्री से बढ़कर आपको कोई नहीं बता सकता कि आप एक पवित्र, निस्वार्थ जीवन व्यतीत कर सकते हो।"

अमेरिका की एक माननीय पत्रकार महिला, **श्रीमती एम. एफ. क्लार्क** ने सन 1915 में भगवान देवात्मा की सेवा में लिखा:

"श्रद्धा और स्तुति के योग्य श्री देवगुरु भगवान!

नवम्बर के विज्ञानमूलक धर्म देव समाज की अंग्रेज़ी पत्रिका को पढ़कर इतनी अधिक प्रसन्नता हुई, कि मैं उसके लिए पत्र द्वारा आपको धन्यवाद देने के लिए तैयार हो गई हूँ।

इसमें इस युग के तथा सब युगों के सबसे बड़े शिक्षक के जीवन का संक्षिप्त वृत्तांत और उनका चित्र दिया हुआ था, जो शताब्दियों के पुराने रिवाजों की बेड़ियों को तोड़कर भारत की महिलाओं और पुरुषों को बराबर उनके प्राकृतिक और शिक्षा-संबंधी अधिकार प्रदान करने के लिए आध्यात्मिक ज्योति और नैतिक बल रखते हैं।"

महर्षि देवेंद्रनाथ टैगोर ने भगवान देवात्मा के जीवन से प्रभावित होकर उन्हें पंजाब का **दूसरा नानक** बताया था।

श्री विपिन चंद्र पाल ने अपनी आत्मकथा में भगवान देवात्मा को "जादू कर देने वाला या मन को मोह लेने वाला वक्ता" बताया है।

ओरियंटल कॉलेज लाहौर के प्रिंसिपल तथा ब्रह्म समाज के नेता **पंडित नवीन चंद्र राय** ने कहा था:

"काश! आप जैसे कुछ और आत्माएँ पंजाब और भारत में होतीं।"

ब्रह्म समाज के नेता **पंडित शिवनाथ शास्त्री** ने कहा था:

"ईश्वर ने आपको ब्रह्म समाज का स्तंभ बनने के लिए खड़ा किया है।

वे बेचारे कृपा-पात्र हैं, जो कैसे साहस कर सकते हैं, ऐसे व्यक्ति (भगवान देवात्मा) के मार्ग में विघ्न डालने का—

जिस व्यक्ति को ईश्वर ने स्वयं खड़ा किया है, और जिसका मार्गदर्शन ईश्वर समाज की भलाई के लिए कर रहा है।"

श्री ए. सी. मजूमदार ने कहा था:

"मनुष्य को उच्च चरित्र में ढालने की आपकी शक्तियों पर मेरा बहुत विश्वास है।

हम आपको ब्रह्म समाज का जान और प्राण समझते हैं।"

4 जून सन 1884 ई. में अमृतसर के टाउन हाल में भगवान देवात्मा ने जो उपदेश दिए थे, उन्हें सुनकर एक प्रसिद्ध वकील ने कहा था:

"श्री अग्निहोत्री जी के दर्दमंद बयान ने अफसरों को रुला दिया।"

एक **मुसलमान मौलवी** ने कहा था:

"मैंने सारी उम्र में ऐसा भावपूर्ण एवं दर्दभरा लेक्चर कभी नहीं सुना।"

एक **प्रसिद्ध पादरी** ने कहा था:

"फरिश्ता-सूरत और सीरत अग्निहोत्री जी ने अपने जादू बयान से श्रोताओं को मोह लिया।

क्या हिन्दू, क्या मुसलमान, क्या ईसाई—सत्य और सच्च के सिवाय कुछ न कहते थे।"

रुड़की कॉलेज के तत्कालीन **प्रिंसिपल Col. A. M. Lang साहब** ने, जब जुलाई **1872** में **ऋषि जी महाराज** का देहांत हुआ था और भगवान देवात्मा वहाँ हेड सर्वेइंग मास्टर थे, उस वर्ष की कॉलेज की वार्षिक रिपोर्ट में श्रीयुत शिव नारायण अग्निहोत्री (भगवान देवात्मा) के बारे में लिखा था कि इनके **एक विख्यात पुरुष** बन जाने की **पूरी संभावना** है।

सात्त्विक जीवनधारी श्रीयुत शिव दयाल सिंह जी सारस्वत, रुड़की — जो परम पूजनीय भगवान देवात्मा के महानतम गुरु प्रमाणित हुए और जिनका भगवान देवात्मा के देव जीवन के विकास में महान योगदान है — इनका जन्म सन 1836 में मेरठ में हुआ था, और जिन्होंने जुलाई 1872 के अंत में उच्च लोकों में 36 वर्ष की अल्पायु में गमन किया।

इन्होंने 21 वर्ष की आयु में, सन 1857 में, रुड़की कॉलेज में दाखिला लिया था। उनके भावी शिष्य श्रीयुत शिव नारायण अग्निहोत्री जी ने भी उसी वर्ष, जिला कानपुर (संयुक्त प्रांत) की तहसील और सिविल कोर्ट अकबरपुर के सरकारी स्कूल में, 7 वर्ष की उम्र में कक्षा एक में दाखिला लिया था।

ब्रिटिश काल में दोनों ने अंग्रेजों द्वारा स्थापित कॉलेज और स्कूल (रुड़की और अकबरपुर) में विद्याध्ययन किया था, जहाँ यूरोपीय शासन का बहुत बड़ा योगदान प्राप्त हुआ था। देव जीवन के विकास में संयुक्त प्रांत (अब उत्तर प्रदेश) के गंगा–यमुना के बीच स्थित रुड़की और अकबरपुर को महान श्रेय प्राप्त हुआ है।

देवात्मा की देव-वाणी

★ मैं तुम्हारे लिए एक उच्च ज्योति लाया हूं। तुम मुझे से जुड़ो और उस ज्योति को लाभ करो, कि जो मुझ में है।

★ तुम मेरे साथ जुड़कर और मेरी ज्योति को पाकर ही उन कुल सत्यों को देख और पहचान सकते हो, कि जो देवत्व वा देव धर्म की शिक्षा से सम्बन्ध रखते हैं।

★ क्या तुम में से ऐसे जन इस समय मौजूद नहीं, कि जिन्होंने मुझ से कुछ कुछ वह ज्योति पाई है, कि जिससे वह मेरी शिक्षा को न्यूनाधिक देखने और पहचानने के योग्य बन गए है?

★ याद रखो कि अभी तुम्हारे भीतर मेरी जिस कदर ज्योति दाखिल हुई है, वह बहुत थोड़ी है, और इसलिए तुम उस ज्योति में अभी बहुत थोड़ा देखते हो; और निम्न श्रेणी के सत्यों के भिन्न देवत्व के उच्च सत्यों को बहुत कम और वह भी कभी कभी देखने की योग्यता रखते हो।

★ ज्यों ज्यों मेरी ज्योति तुम में अधिक दाखिल होगी, त्यों त्यों केवल यही नहीं, कि तुम देवत्व के दृश्यों को अधिक से अधिक स्पष्ट और उत्तम रूप से देखने के योग्य बनते जाओगे, किन्तु ज्यों ज्यों यह ज्योति तुम्हारे भीतर साफ़ और स्थाई होती जाएगी, त्यों त्यों तुम्हारा आत्मा उन नीचताओं के अधिकार से मुक्त होता जाएगा, जो उसे देवत्व की ज्योति में रखने के स्थान में शारीरिक और वासना मूलक अन्धकार में रखती हैं।

★ जिस क़दर तुम मेरी इस ज्योति को लाभ करोगे उसी क़दर तुम औरों तक जो तुम से अपेक्षाकृत अधिक अन्धकार में हैं, इस ज्योति की किरणों को पहुंचा सकोगे।

★ आत्मिक अंधकार से आत्मा पथ-भ्रष्ट होकर मृत्यु की ओर जाता है, और मेरी ज्योति उस अंधता से निकालकर ठीक पथ पर डालती और मृत्यु से निकाल कर जीवन की ओर लाती है।

★ याद रखो कि यह मेरे शब्दों की बाह्यक आवाज़ नहीं, कि जिससे तुम्हारे आत्मा ने ज्योति लाभ की है, किन्तु तुम ने मुझ से जुड़ कर मेरी ज्योति से ज्योति पाई है।

★ मुझ से सब प्रकार की बग़ावत को छोड़कर दिल के पूरे प्रेम से जुड़ जाओ, ताकि मेरी ज्योति तुम्हें अधिक से अधिक ज्योतिर्मान करे।

★ जो ज्योति मुझे दी गई है, और दी जा रही है, वह मेरे ही लिए नहीं, किन्तु औरों के लिए भी है, और सब आत्माओं के लिए है।

★ जो ज्योति मुझे और आत्माओं की भलाई के लिए दी गई है, वह और आत्मा मुझ से लें, और मुझ से किसी नीच वासना के कारण बाग़ी रहकर, उस की अमृत दायक बरकतों से अपने आप को वंचित न करें।

★ धन्य हैं वह जन, जो अहं के अनुचित अधिकार और अन्धकार के बढ़ाने वाले सम्बन्धों के बन्धन और सांसारिक चाल की परवाह न करके, मेरी उस ज्योति में आए हैं, या आना चाहते हैं, कि जो उन्हें आत्मिक अंधकार और मृत्यु से बचाती है।

★ मेरे साथ प्रेम से जुड़कर और मेरे अधिकार में आकर प्रत्येक आत्मा पुराने नीच वा अधम जीवन से निकलकर नया पवित्र और उच्च जीवन लाभ करता है।

★ मेरे साथ जुड़ने के बाद कोई आत्मा जहां तक मेरे उच्च प्रभावों को ग्रहण करता है, वहां तक उसके भीतर वह नई ज्योति प्रगट होती है, कि जिससे वह आत्मिक जीवन की असलियत और उसके नियमों को ज़्यादा से ज़्यादा देखने और पहचानने के योग्य बनता जाता है।

★ मेरे साथ जुड़ने के बाद कोई आत्मा जहां तक मेरे उच्च प्रभावों को ग्रहण करता है, वहां तक उसके भीतर देवत्व की उन खूबियों और बरकतों और उसके पवित्र नियमों के लिए प्यार बढ़ता जाता है, कि जिनके देखने और पहचानने के वह योग्य हुआ हो।

★ मेरे साथ जुड़ने के बाद जहां तक कोई आत्मा मेरे उच्च प्रभावों को ग्रहण करता है, वहां तक वह देवत्व के उस जीवन में ढलता जाता है, कि जिस का मैं **आदर्श** हूं।

★ मेरे साथ जुड़ने के बाद जहां तक कोई आत्मा मेरे उच्च प्रभावों को ग्रहण करता है, वहां तक उसके भीतर उन कुल बुराइयों और पापों से घृणा पैदा होती जाती है, कि जिनको मैं **घृणा** करता हूं।

★ मेरे साथ जुड़ने के बाद जहां तक कोई आत्मा मेरे उच्च प्रभावों को ग्रहण करता है, वहां तक उसके भीतर देवत्व के चार बड़े तत्वों अर्थात् नित्य, सत्य, न्याय और मंगल का **प्यार** पैदा होता जाता है।

★ मेरे साथ जुड़ने के बाद जहां तक कोई आत्मा मेरे उच्च प्रभावों को ग्रहण करता है, वहां तक उसके भीतर अपनी पिशाचत्व सम्बंधी नाना चिन्ताओं और क्रियाओं के लिए **दुख** और क्लेश उत्पन्न होता जाता है।

★ पिशाचत्व के समुद्र में डूबते हुए आत्माओं के लिए **मैं जीवन की आशा का एक जहाज़ हूं**। और पिशाचत्व के असरों से गिरी हुई जमाअतों और कौमों के बचाने, उभारने और आला बनाने के लिए मैं मिसल एक **ख़मीर के** हूं।

★ देवत्व का यह ख़मीर जो मेरे अन्दर है, पिशाचत्व को मारता और ग़ारत करता है, इसलिए वह पिशाचत्व के विष से संक्रांत आत्माओं के उद्धार और उनकी भलाई का पवित्र देवी उपाय है।

★ कोई आत्मा ऐसा नहीं, कि जो मनमुख चाल छोड़कर मेरे साथ **कुछ भी जुड़ा** हो, वह अपनी पहली अवस्था की अपेक्षा **श्रेष्ठ** वा उच्च न बन गया हो।

★ जैसे जो शाख धतूरे के पेड़ से जुड़ी हुई है, वह ज़हरीले फल पैदा करती है, और जो अंगूर की बेल के साथ जुड़ी होती है, वह अंगूर पैदा करती है; वैसे ही जो आत्मा अपने वा किसी और के मलीन हृदय के वृक्ष से जुड़ा हुआ है, वह अपने भीतर अपने और औरों के लिए विषकर और विनाशकारी फल उत्पन्न करता है, और जो आत्मा मेरे साथ जुड़ता है, वह देव रस को लाभ करके देवत्व के पवित्र और उच्च अमृत फल पैदा करता है।

★ जैसे ज़हरीले वृक्ष की शाख अपनी निशानियों से पहचानी जा सकती है, वैसे ही जो आत्मा शाख की न्याईं मेरे अमृत वृक्ष के साथ जुड़ा है, वह देवत्व के उन जीवनप्रद लक्षणों से पहचाना जा सकता है, कि जिनका मुझ में आविर्भाव हुआ है।

★ मैं जिस देवत्व की ज़िन्दगी का वृक्ष हूं, वह अमृत फल पैदा करता है, और इसलिए जो आत्मा मुझ से शाख की न्याईं जुड़ता है, वह केवल यही नहीं, कि खुद विनाश नहीं होता, और औरों का नाश नहीं करता, किन्तु अपने और औरों के जीवन में अमृत फल पैदा करता है।

★ जिस तरह कोई गाय, भूख रखकर किसी जंगल की घास के खाने से इसलिए परहेज़ नहीं करती, कि कदाचित उसके किसी पत्ते में कहीं कुछ मिट्टी लगी हुई हो, और कोई आदमी भूख रखकर गेहूं की रोटियों के खाने से इसलिए परहेज़ नहीं करता, कि कदाचित उसमें रेत आदि का कोई कण मिला हुआ हो; उसी तरह देवत्व के अमृत प्रद जीवन का कोई भूखा किसी ख़याली इस या उस वहम से डरकर मेरे साथ जुड़ने से परहेज़ नहीं कर सकता; क्योंकि **जो खाता है, वह बचा रहता है, और जो नहीं खाता, वह मर जाता है।**

★ जैसे कोई जन, सूरज की रोशनी को बिना सूरज के और गेहूं की रोटी को बिना गेहूं के दानों के **साक्षात ईश्वर से प्राप्त नहीं कर सकता**, क्योंकि ऐसा होना ईश्वर के नियम के ही ख़िलाफ़ है, वैसे ही देवत्व की जिन विशेष और उच्च खूबियों और बरकतों का मुझ में प्रकाश हुआ है **उन्हें कोई जन ईश्वर से हासिल नहीं कर सकता।**

★ जो मेरे आविर्भाव की खुशखबरी को कुबूल करता है, और मनमुखी जीवन से फिरकर और दिनों दिन मुझे अपने आत्मा पर **अधिकार** देने और अपने पुराने पापमय जीवन के **खोने** के निमित्त मेरे अमृत वृक्ष से शाख की न्याईं **जुड़ता** है, **वही मेरा और मेरे मिशन का है, और वही मेरे आविर्भाव से उपकृत हो सकता है।**

★ जो लोग अपने आत्माओं के सम्बन्ध में जीवन-प्रद और विनाशकारी प्रभावों और उनके नियमों का ज्ञान नहीं रखते, और पिशाचत्व के न केवल दास किन्तु तरफदार और अनुरागी बने हुए हैं, वह तब तक केवल यही नहीं, कि मेरी खुशखबरी और मुझ में देवत्व के ख़ास ज़हूर की असलियत, मेरे साथ जुड़ने की हकीकत और ज़रूरत और उसके मोक्षप्रद और उच्च जीवन संबंधी तत्वों को समझ वा उपलब्ध नहीं कर सकते, जब तक कि वह अपनी नीच हालत से न बदलें, किन्तु बहुत सी सूरतों में उनकी ओर से मैं जिस कदर घृणित और सताने की चीज़ हो सकता हूं, उस क़दर कोई और नहीं हो सकता।

★ जो आत्मा जहां तक मुझ से जुड़कर मेरी निकटता लाभ करता है, वहां तक उसका अन्य संसारासक्त और पिशाचत्व के जीवन रखने वालों से अपनी चाल ढाल और प्रकृति के विचार से **पूर्णतः भिन्न** हो जाना ज़रूरी है।

★ जो आत्मा मुझ से जुड़कर और मुझे अपने ऊपर अधिकार देकर जहां तक संसारासक्त और पिशाचत्व के जीवन रखने वालों से अपनी चाल ढाल और अपनी अवस्था में **भिन्न** होगा, वहां तक उपरोक्त जन उसे अपने से भिन्न और उलट देखकर उसे अवश्य घृणा करेंगे, और उसे दुख देने और सताने में खुशी हासिल करेंगे।

★ धन्य है वह आत्मा कि जो पिशाचत्व के आशिकों से जहां तक **बदसलूकी** पाता है, वहां तक यह मालूम करता है, कि वह उनसे **भिन्न** और मेरे देवत्व के **निकट** है, और इसीलिए वहां तक विनाशकारी प्रभावों से परे और **सुरक्षित** है।

★ जो आत्मा जहां तक गाढ़ रूप से मेरे साथ जुड़ा हुआ हो, वहां तक उसके लिए ज़रूरी है, कि वह कुल ऐसे जनों को जो मेरे साथ जुड़े हुए हैं, और जिन पर जहां तक मेरा **अधिकार** हो चुका हो, **इज्ज़त** और **मुहब्बत** की आंखों से देखे, और अपने आपको उनका और उनको अपना समझे। परन्तु जिसकी ऐसी गति नहीं, वह मेरा नहीं हो सकता।

★ जिन्होंने अपने आप को मेरे मिशन के लिए भेंट करके, मेरी खुशखबरी के प्रचार और आत्माओं के उद्धार और उन्हें मेरे साथ जोड़ने का व्रत लिया हो, उनके लिए यह ख़ास कर ज़रूरी है, कि वह अपनी **पुरानी विकारयुक्त और अपवित्र** अवस्था से **पूर्ण मोक्ष लाभ करके** इस बात का सबूत दें, कि वह मुझे अपनी कुल बातचीत, कुल चाल ढाल और बर्ताव के द्वारा ईश्वर के बाद **सबसे बढ़कर** जगह देते हैं, और मेरे बाद कुल प्रचारकों को प्रेम करते हैं, और उनके साथ किसी प्रकार का **द्वेष व ईर्षा** भाव नहीं रखते, और किसी को अपने से बेहतर और उन्नत होता देखकर कुढ़ते नहीं, किन्तु **खुश** होते हैं, और अपने नाम वा पद, आराम वा किसी और बात को सम्मुख रखकर मिशन की सच्ची महिमा और उसके इन्तज़ाम के सम्बन्ध में कोई **ख़राबी वा विघ्न** नहीं पैदा करते हैं।

श्रीयुत शिव नारायण अग्निहोत्री जी 23 वर्ष की आयु में, नवंबर 1873 ई. के अंत में, रुड़की से लाहौर पहुँचे।

देवात्मा की पत्नी, श्रीमती लीलावती जी अग्निहोत्री

देवात्मा का जन्म स्थान

James Thomason Building, IIT Roorkee (edited). Photo: Sanyam Bahga, Wikimedia Commons, 20 Sept. 2013.

थॉमसन सिविल इंजीनियरिंग कॉलेज, रुड़की, जहां देवात्मा नवंबर 1866 में दाखिल हुए।

"अखीर नवंबर सन् 1866 ई० में मैं रुड़की कॉलेज में दाखिल हुआ। मेजर मेडली साहब उस समय उस कॉलेज के प्रिंसिपल थे। उस समय मेरी उमर प्रायः 16 वर्ष की थी। मेरे पिता जी मुझे अपने साथ लेकर रुड़की को गए। यह कॉलेज रुड़की शहर से प्रायः एक मील की दूरी पर खुले मैदान में बना हुआ था। इससे प्रायः एक मील की दूरी पर सरकारी फौजों की छावनी थी। रुड़की की आबादी के पास ही एक बहुत बड़ी नहर बहती थी, कि जो हरिद्वार के पास से गंगा से काट कर लाई गई थी। इस नहर पर एक बड़ा पुल था, कि जिस पर से एक पक्की सड़क शहर की तरफ से कॉलेज की तरफ़ को आती थी। इस सड़क के भिन्न क्या छावनी और क्या सिविल स्टेशन में और भी बहुत सी पक्की सड़कें थीं, कि जिन के दोनों तरफ वृक्ष लगे हुए थे। रुड़की कॉलेज के आस-पास इंजीनियर, अपर सबआर्डीनेट और लोवर सबआर्डीनेट क्लास के शिक्षार्थियों के लिए बोर्डिंग के मकानात बने हुए थे। प्रिंसिपल के रहने की कोठी भी इसी कॉलेज के बहुत पास थी। इस कोठी में एक बाग था, और उसके भिन्न अपर सबआर्डीनेट क्लास की बारकों के पास एक और अच्छा बाग था। मैं लोवर सबआर्डिनेट क्लास में दाखिल हुआ।" – देवात्मा

रुड़की कॉलेज के तत्कालीन प्रिंसिपल Col. A. M. Lang, R. E.

"जिन्होंने कॉलेज की वार्षिक रिपोर्ट 1872–73 में लिखा था कि शिवनारायण अग्निहोत्री (हेड सर्वेइंग मास्टर) के एक विख्यात पुरुष बन जाने की पूर्ण संभावना है।"

R. Maclagan, Principal (1847-52, 1856-60)

श्रीयुत ऋषि शिवदयाल सिंह जी सारस्वत के विद्यार्थी काल में रुड़की कॉलेज के प्रिंसिपल

श्री अकबरपुर का ऐतिहासिक तहसील भवन

श्री अकबरपुर का प्रसिद्ध मुगलकालीन शुक्ल तालाब, जिसके पास ही देवात्मा के पूर्वजों का गांव सलावतपुर है।

देवात्मा की अद्वितीय महानता

जिस प्रकार सूर्य अपनी किरणों से सम्पूर्ण जगत को आलोकित करता है, उसी प्रकार देवात्मा का देवजीवन आध्यात्मिक मूल्यों के सर्वोच्च शिखरों को स्पर्श कर आत्म-जागरण का दिव्य आलोक सम्पूर्ण मानवता में प्रसारित करता है।

देवात्मा के जीवन में सत्य और शुभ के पूर्ण अनुरागों की अविरल धाराओं ने उनकी आत्मिक संरचना को अद्वितीय पूर्णता प्रदान की। उनका शुभानुराग इतना प्रखर और अटल था कि कोई भी परिस्थिति, कोई भी क्षण, उन्हें शुभ की दिशा से तनिक भी विचलित न कर सका। इसी दिव्य आधार से उनका सत्यानुराग भी उद्भूत हुआ — जो वस्तुतः शुभानुराग की ही शक्ति से पुष्ट और प्रकाशित था। सत्य और शुभ — इन दोनों के पूर्ण अनुरागों ने मिलकर उन्हें उस सर्वोच्च अवस्था तक पहुँचा दिया, जहाँ से वे सत्य और शुभ से एक क्षण, एक रेखा भी पृथक नहीं हो सकते थे।

देवात्मा के सत्यानुराग का ज्वलंत प्रमाण उनकी स्वरचित कृतियों और शिक्षाओं में मिलता है। युवावस्था में रुड़की में रहते हुए उन्होंने श्रद्धाभाव से अपने गुरुजी की शिक्षाओं को आत्मसात किया; किन्तु जब लाहौर में उनकी देवज्योति और देवतेज की पूर्णता प्रकट हुई, तब उन्होंने उन्हीं शिक्षाओं में जहाँ-जहाँ असत्य और मिथ्यता पाई, उसका भी निर्भीक खंडन किया। जिन शिक्षाओं का जो-जो अंश देवज्योति में देवात्मा को महाभ्रांति-मूलक प्रतीत हुआ, उसका उन्होंने न केवल पूर्ण त्याग किया, बल्कि उसके प्रति अपने भीतर गहन विकर्षण भी अनुभव किया; साथ ही अधिकारी आत्माओं को भी उससे मुक्त कराना उनके लिए अनिवार्य कर्तव्य बन गया।

उन्होंने स्पष्ट और निर्भीक शब्दों में उद्घोष किया था:

"चाहे हमारा सूर्य अपनी रौशनी देना छोड़ दे तथा चाहे यह धरती हमारे पाँवों के नीचे से निकलकर चकनाचूर हो जाए, लेकिन मैं सत्य का पूर्ण अनुरागी होकर तथा सत्य को जानकर उसे कभी तथा किसी अवस्था में अपने पाँवों से कभी कुचल नहीं सकता, तथा हित का पूर्ण अनुरागी होकर हित या शुभ के मार्ग से कभी परे नहीं जा सकता।"

"मेरे लिए सत्य के साथ खड़ा होना और सत्य के पूर्ण अनुराग के लिए चुपचाप मिट जाना अनिवार्य है। मैं सत्य के पूर्ण अनुराग के प्रति बेवफ़ा नहीं हो सकता। मैं इस लड़ाई में अपनी पीठ नहीं

दिखा सकता। यद्यपि अज्ञात, उपेक्षित, अनादर और घृणित रहकर भी मैं चैन से मर सकता हूँ, यदि मैं अपने जीवन-व्रत के प्रति निष्ठावान रहूँ और उसके लिए संघर्ष करते हुए मौत को प्राप्त हो जाऊँ।"

"अपने परम लक्ष्य अर्थात अद्वितीय जीवन-व्रत की सिद्धि के लिए मृत्यु के निकट पहुँचकर भी निरंतर संग्राम किए जाना मेरे जीवन का सर्वोच्च लक्ष्य अर्थात अद्वितीय उद्देश्य रहा है। अतः इस संग्राम में मेरे हृदय से सदा यह गूँज बार-बार उठती रही है, कि तुम कभी पीछे मत हटना। अतः निश्चयी मैं कभी पीछे नहीं हटूँगा। मैं रोता हुआ, तड़पता हुआ, बिलबिलाता हुआ इस मैदान-ए-जंग में लड़ता ही जाऊँगा।"

"हज़ारों और लाखों ही नहीं, सारी दुनिया भी मेरे मुख्य लक्ष्य के विरुद्ध हो जाए, तब भी मेरा मुख्य लक्ष्य और मुख्य कारज पूरा हुए बिना नहीं रह सकता।"

"... मेरे हृदय में एक-एक बार यहाँ तक ख्याल उठा, कि यदि मैं इस अद्वितीय संग्राम में निधन भी हो जाऊँ, और हमेशा के लिए अपने सारे अस्तित्व को खो बैठूँ, तो भी मेरे लिए इससे बढ़कर और कोई सौभाग्य वा गौरव का विषय नहीं है, कि मैं अपने इस अद्वितीय व्रत के लिए सच्चा रहूँ।"

यह देववाणी देवात्मा की देवज्योति और देवतेज के निरंतर उत्कर्ष का साक्षात् प्रमाण थी— जो उन्हें किसी भी भ्रांति अथवा असत्य के सम्मुख झुकने न देती; बल्कि स्वयं असत्य और अशुभ का समूल गारण कर, उसे सत्य और शुभ की परम विजय का आधार बना देती थी।

उनका अटल सिद्धांत था कि कोई भी शिक्षा — चाहे वह कितनी ही मनोहर और सुखप्रिय क्यों न प्रतीत हो, अथवा कितनी ही महान आत्मा के वचनों से उत्पन्न क्यों न मानी जाए — यदि वह सत्य और शुभ की शाश्वत (वैज्ञानिक) कसौटी पर खरी न उतरे, तो उसका परित्याग अनिवार्य है।

इन्हीं दिव्य भावों पर आधारित होकर देवसमाज की स्थापना सम्भव हुई; और सत्य–शुभ के पूर्ण अनुरागों में निरंतर पुष्पित-पल्लवित रहना ही उनका परम ध्येय बन गया।

इसी सत्य–शुभ के पूर्ण अनुरागों की दिव्य अखंडता से उनके भीतर देवज्योति और देवतेज का प्राकट्य हुआ, और उनका जीवन स्वयं दिव्य सूर्य की भाँति आलोकित हो उठा। यह केवल उनकी व्यक्तिगत उपलब्धि नहीं थी, बल्कि सम्पूर्ण मानवता के लिए आत्मिक उन्नति का द्वार खोलने वाली एक युगान्तरकारी घटना थी।

संसार और चेतना को समझने के लिए सत्य–अनुराग और हित–अनुराग दोनों अनिवार्य हैं। प्रत्येक घटना का एक तथ्य-पक्ष और एक मूल्य-पक्ष होता है। केवल तथ्य का ज्ञान पूर्ण ज्ञान नहीं है; वास्तविक समझ तभी सम्भव है जब तथ्य के साथ-साथ उसके मूल्य-पक्ष को भी पहचाना जाए।

चाहे किसी जीवन का मूल्यांकन करना हो अथवा धर्म-दर्शन का कोई ग्रंथ रचना हो — किसी भी क्षेत्र में सम्पूर्ण दृष्टि तभी सम्भव है जब तथ्य और मूल्य दोनों का समन्वय हो।

मनुष्य के सात्त्विक भाव उसे कुछ मूल्यों तक पहुँचा सकते हैं, किन्तु उनकी दृष्टि सीमित रहती है — उनमें अंध-बिंदु बने रहते हैं। यहाँ तक कि महान संतजन भी अपनी आध्यात्मिक ऊँचाइयों के बावजूद सूक्ष्म सीमाओं से पूरी तरह मुक्त नहीं हो पाते।

देवात्मा की मूल्य-दृष्टि पूर्ण और अद्वितीय थी। हित-अनुराग के कारण उनमें सम्पूर्ण सात्त्विक भावों — अर्थात सभी मूल्यों — की दृष्टि का विलक्षण विकास हुआ। आत्मा की गहनतम सच्चाइयों की खोज और आत्मा के शाश्वत हित के प्रति उनका अडिग अनुराग — यह दिव्य सामर्थ्य केवल देवात्मा में ही था। इसी कारण वे आत्मिक सत्य-ज्ञान की खोज का सच्चा और कल्याणकारी मार्ग सम्पूर्ण मानवता के सम्मुख प्रस्तुत कर सके।

उनकी आत्मिक संरचना की महानता इस तथ्य से भी प्रकट होती है कि जब वे किसी गुण का वर्णन करते हैं, तो उसमें न तो अतिशयोक्ति का कोई अंश होता है और न ही गहराई, विस्तार अथवा परिपाटी में कोई न्यूनता। इस कृति का अध्ययन करके पाठक अनुभव करेंगे कि देवात्मा शब्दों का प्रयोग किस प्रकार एक वैज्ञानिक की भाँति करते हैं — नाप-तौल कर, अत्यन्त सटीक, विवेकपूर्ण और संतुलित ढंग से।

यह वैज्ञानिक परिशुद्धता केवल बौद्धिक अनुशासन का परिणाम नहीं थी, बल्कि उनकी आत्मिक पूर्णता का सहज और स्वाभाविक प्रस्फुटन थी। जहाँ सत्य और शुभ के अविरल अनुरागों में परम एकता होती है, वहाँ अभिव्यक्ति भी उसी पूर्णता और संतुलन से परिपूर्ण होकर स्वतः प्रकट होती है।

मेरा दृढ़ विश्वास है कि यह पुस्तक अधिकारी जनों के लिए देवात्मा की देवज्योति में और भी अधिक कल्याणकारी सिद्ध होगी।— (Author of The Highest Meaning of Life)

देवात्मा-स्तवन

देवात्मन् भज, देवात्मन् नमः।

देव-धर्म की जय, जीवन-स्वरः॥

एकमात्र सत्य-देव परमदाता,

सत्य-मोक्ष के हो संपूर्ण प्रदाता॥

अहो! धन्य-धन्य हो! हे देवात्मन्॥

सत्य-शिव-सुंदर दिव्य रूप तुम्हारा,

ज्योति-प्रभा अपार उज्ज्वल उजियारा।

सूर्य-सम अनन्य ज्योतिरालोकित,

जग-कल्याण हेतु सदा समर्पित॥

अहो! धन्य-धन्य हो! हे देवात्मन्॥

संपूर्ण सत्य-शुभ-प्रेम-महा-सागर,

देव-करुणा के साकार उद्धारक।

देवजीवन-धारी, आत्म-बोधक विकासक,

सत्यधर्म-शिक्षक, पूर्ण आत्मिक कल्याणक॥

अहो! धन्य-धन्य हो! हे देवात्मन्॥

जन्म-विशेष अद्वितीय आविर्भाव ।

विकास-प्रणाली आत्मदीप्त अनुपम ॥

लक्ष्य परम सत्य, मोक्ष-पथ उजियारा,

महा-त्याग से जीवन बना दिव्य तारा॥
अहो! धन्य-धन्य हो! हे देवात्मन्॥

शिक्षा प्रकाशक सत्य-धर्म संदेश,
धर्म-स्थापन कर दिया नूतन देश।
धर्म-संग्राम से अधर्म सब हारा,
सत्य-धर्म-ज्योति से जग जगमग सारा॥
अहो! धन्य-धन्य हो! हे देवात्मन्॥

— संपादक

संदर्भ सूची

मुझ में देव जीवन का विकास — खंड प्रथम

मुझ में देव जीवन का विकास — खंड द्वितीय

अनुरागी शिष्य बनने की आवश्यकता और विधि

जीवन पथ पत्रिका संवत 1963, आषाढ़ मास (ईस्वी सन् 1906) — मेरे गुरु

www.Devatma.org

www.ingramcontent.com/pod-product-compliance
Lightning Source LLC
LaVergne TN
LVHW052139041026
849558LV00042B/550
* 9 7 8 1 9 1 7 8 4 6 7 9 0 *